Dedico este livro aos meus irmãos mais novos,
Andoly Pontinta Vaz Monteiro e
Sophia Pontinta Vaz Monteiro.
Oro ao Senhor para que este
mundo de hiperconexão
não os desconecte de Cristo.
Amo vocês.

Que multidão inumerável de encantos não acrescentaram os homens às seduções da vista, com a variedade das artes, com as indústrias de vestidos, calçados, vasos, com outros fabricos desta espécie, com pinturas e esculturas variadas, com que ultrapassam o uso necessário moderado e a piedosa representação dos objetos! No exterior correm atrás das suas obras. No interior esquecem Aquele que os criou e destroem o que por meio d'Ele fizeram!

Agostinho de Hipona, *Confissões*

Sumário

Prefácio

Eu me lembro da primeira vez que recebi um comentário maldoso nas redes sociais. Eu tinha cerca de 18 anos e já havia um tempo criava vídeos com conteúdo cristão. Naquela ocasião, o vídeo que atraiu o *hate* era uma exposição vulnerável do meu coração sobre meu desejo de fazer missões, algo que eu nutria desde a infância. De alguma forma, aquele vídeo de uma adolescente com sonhos evangelísticos acendeu o ódio de uma mulher que me chamou de "Barbie Malibu" e me acusou de ser uma "patricinha sem noção do sofrimento no mundo".

Não me entenda mal: ela não estava totalmente errada. Eu fui criada de maneira privilegiada em muitos sentidos. Mas, antes da internet, as pessoas que ouviam acerca dos meus sonhos eram meus amigos e minha família. Entretanto, a internet me possibilitou contar minha história para mais gente e, assim, estranhos passaram a ter acesso ao meu coração e a pensar que tinham o direito de fazer comentários e de me dar "conselhos" indesejados.

Hoje, já sou uma mulher adulta e mãe. Portanto, seria correto imaginar que eu esteja "calejada", alguém que não se deixa atingir emocionalmente pelo *hate* alheio. (Corta para mim chorando no banheiro, escondida da minha filha, porque mais uma vez colocaram minha fé em xeque porque ousei dizer algo como "eu sou do interior de São Paulo e gosto de ouvir sertanejo universitário".) Não importa o ano ou a idade, a internet continua trazendo à tona quem sempre fomos — criaturas animalescas, prontas para atacar umas às outras —, e nossa identidade agora é exposta na tela de milhões de pessoas que não vão hesitar em machucar profundamente, não "avatares virtuais", mas seres humanos com emoções reais.

Certa vez, ouvi que somos a primeira geração a ter de criar uma teologia da tecnologia, mas vou além: precisamos de uma teologia das redes sociais. Nesta obra, Jacira Monteiro faz isso com a autoridade, não de quem está de longe observando e filosofando sobre o caos, mas de alguém que está dentro dele, sendo contaminada e buscando a descontaminação junto com aqueles a quem escreve. Jacira vive como os cristãos de outras eras que se recusavam a abandonar os doentes com enfermidades contagiosas, permanecendo junto deles evangelizando, mesmo que isso lhes custasse a vida. E, para mim, essa é a melhor forma de se criar qualquer tipo de teologia: estar junto daqueles que estamos tentando ajudar, de mãos dadas, perguntando: "Como trazemos Cristo, juntos, para essa situação?".

Por causa das muitas ofensas que sofri na internet (99% delas, infelizmente, proferidas por cristãos), eu quase desisti de ministrar nesse espaço. Mas, neste livro, a autora (e minha amiga pessoal) me encoraja a viver de maneira a buscar um equilíbrio entre estar na internet como luz em meio à escuridão e não permitir que ela apague a luz em minha própria alma.

Acredito que uma das qualidades que faz a Jacira ser tão certeira em seus argumentos é aquilo que aqui nos Estados Unidos chamamos de uma personalidade "no nonsense", ou seja, sem tolices. Jacira sabe a realidade do mundo quebrado em que vivemos e não tem nenhum desejo de açucarar os problemas causados pelas redes sociais. Mas ela também não nos deixa desesperançosos ao encarar os fatos que nos cercam: ela nos leva aos pés da cruz para nos lembrar que o poder salvífico de Jesus Cristo também pode alcançar os recônditos mais sombrios da internet.

Espero que *Hiperconectados* seja apenas a primeira de muitas obras de autores brasileiros sobre como aplicar a cosmovisão cristã às redes sociais. Deus sabe que as próximas gerações precisarão de ajuda. Este livro é um ótimo começo.

Pelo Rei e pelo reino,

Francine Veríssimo Walsh
Pedagoga, fundadora do ministério on-line
Graça em Flor e autora de *Ela à imagem dele*

Hipócritas! Sabem interpretar as condições do tempo na terra e no céu, mas não sabem interpretar o tempo presente.

Lucas 12.56

Introdução

Discernindo os tempos

Em Lucas 12.54-59, há um registro de Jesus trazendo à consciência da multidão a necessidade de compreender a época em que estavam vivendo. Jesus os convoca a pensar com seriedade na sabedoria bíblica aplicada ao tempo presente. Lucas registra que Jesus questiona a multidão sobre o fato de eles interpretarem com rapidez as condições meteorológicas (por exemplo, "Se há nuvens no céu, certamente vai chover hoje!" ou "Com esse vento que vem do sul, deve fazer sol!"), mas serem vagarosos ou mesmo incapazes de agir da mesma forma no que dizia respeito a perceber o momento histórico que estavam vivendo.

Na passagem citada, Jesus refere-se a si próprio, ou seja, ao fato de ser o Messias esperado pelos judeus, mas estes não conseguirem perceber isso — ele veio para os que eram seus, mas os seus não o receberam (Jo 1.11-13). Jesus lhes mostra que a sabedoria se encontra na observação e na interpretação dos sinais dos tempos em que vivemos, da mesma forma que observamos e interpretamos os sinais meteorológicos. Um olhar aguçado para os padrões que se repetem, para as continuidades e descontinuidades da história, nos ajudará a interpretar e a nos posicionar da maneira necessária ao período em que vivemos.

Devemos ouvir o que o Messias tem a nos dizer. O que ele diz não se aplica somente às multidões da época histórica em que viveu neste mundo, nem somente às culturas por onde transitou, mas se aplica também a nós, neste tempo em que vivemos e nesta cultura em que estamos inseridos. Em outras palavras, nós, servos de Cristo no século 21, também precisamos de sabedoria para interpretar mais do que simplesmente a meteorologia: precisamos de sabedoria para interpretar os tempos em que vivemos.

É certo que nossas habilidades de entender a natureza melhoraram bastante. Hoje em dia, somos capazes de monitorar o clima com muito mais precisão do que no período de Jesus. Para exemplificar, estou nesse momento no Starbucks da rua Haddock Lobo, em São Paulo, e acabo de receber um alerta severo da Defesa Civil: "Chuva forte se espalhando pela Zona Oeste do município de São Paulo. Tem raios e ventos. Atinge municípios vizinhos. Busque abrigo!".

É interessante, não é? O Instituto Nacional de Meteorologia, um órgão federal, alerta a Defesa Civil acerca dos acontecimentos climáticos, e a Defesa Civil me aciona para que eu me defenda e me proteja. De igual modo, todos os dias, ao assistirmos ao telejornal, somos avisados do tempo que fará no dia ou mesmo na semana seguinte. Sabemos do tempo, mas como não podemos entender o tempo? Como podemos ser tão letárgicos, como sociedade, em entender os tempos históricos que vivemos?

Bom, a conta não fecha.

Fato é que, por não discernirmos os tempos e as estações em que vivemos, acabamos por perder boas oportunidades de ser mais relevantes em relação ao que acontece à nossa volta.

É importante salientar algo. Por "relevantes" não me refiro a negociar nossa fé, a fim de torná-la mais palatável para as pessoas. Trata-se justamente do contrário: como podemos articular a nossa fé sem amenizar suas convicções, de modo que aqueles que nos ouvem percebam a pertinência e a importância do que estamos dizendo, bem como a aplicação do que estamos dizendo para nossa época. Não se trata apenas de sermos inteligentes na expressão da nossa fé, mas de sermos inteligíveis a nossos ouvintes.[1] É assim, portanto, que gostaria de começar este livro: falando sobre tempo para tentarmos interpretá-lo e sermos relevantes para ele. A Palavra sempre é relevante para as questões humanas e existenciais de todos os tempos e épocas. Basta ter olhos para ver e ouvidos para ouvir.

Comecemos então fazendo um raio-x das problemáticas históricas para, na sequência, refletir sobre como a sabedoria bíblica nos convida a pensar e agir.

[1] Na era das mídias sociais, todos têm a possibilidade de falar. A pergunta que fica é: Será que entendem o que falamos? A verdade que não gostamos de encarar é que muitos não nos entendem pela nossa simples falta de habilidade em nos comunicar.

UM RAIO-X DOS TEMPOS PASSADOS

Meu interesse aqui é fazer um rápido exame dos períodos históricos anteriores ao nosso e analisar o que podem trazer de representação e significado para o nosso período atual. Tenho convicção de que discernir isso pode nos ajudar a viver de forma sábia no tempo que se chama hoje (Hb 3.13).

A história humana parece ser uma história de conflitos constantes. O mundo parece estar sempre em ebulição. Tentar entender o nosso tempo não é tarefa fácil, e não quero ter a presunção de que consigo fazê-lo. Mas acredito que somos capazes de montar um esqueleto, um breve arcabouço dos acontecimentos gerais e mais impactantes, os quais poderão nos ajudar a entender os tempos passados. E isso será essencial para conseguirmos agir com sabedoria hoje.

Em séculos anteriores, a escravidão era tida como instituição. Nesses períodos históricos, alguns seres humanos eram considerados inferiores, sem valor, sem dignidade, e, por causa disso, eram mercantilizados. Num serviço claro a Mamon, o deus do dinheiro, nossa sociedade despiu quem era considerado o "outro" de sua humanidade.[2]

Com o passar do tempo, as evoluções tecnológicas levaram à ideia de que a escuridão havia se dissipado e que

[2] Você pode saber mais sobre isso lendo meu livro *O estigma da cor: Como o racismo fere os dois grandes mandamentos* (São Paulo / Rio de Janeiro: Quitanda / Thomas Nelson Brasil, 2021), em que abordo as raízes do racismo.

havia se instaurado o século das luzes. Coloca-se o homem como centro do universo, e há uma entusiasmada fé na ciência e no progresso. Contudo, a mesma ciência que significa e produz progresso também produziu armas de destruição em massa.[3] Não à toa, no século 20, nós seres humanos demos origem a duas guerras mundiais e vários outros conflitos regionais.

Sobre questões de guerra e paz, o renomado teólogo inglês John Stott, aplicando a ética de Cristo aos conturbados momentos de guerra, disse:

> Jesus falou de guerra e paz. De um lado, ele nos alertou de "guerras e rumores de guerras"; de outro, ele incluiu em sua caracterização dos cidadãos do Reino de Deus o papel ativo de pacificadores. Ele declarou seus seguidores pacificadores abençoados por Deus e pelos filhos de Deus (Mt 5.9). Pacificação é uma atividade divina. Deus fez paz conosco e entre nós por meio de Cristo. Não podemos alegar ser filhos autênticos de Deus se não nos empenharmos na pacificação.[4]

Todos sabemos, mas não custa repetir: a guerra não é boa para ninguém. Inocentes morrem, a natureza sofre, tensões econômicas, sociais e de todas as naturezas são formadas e potencializadas, levadas ao extremo.

[3] Se você não assistiu ao filme *Oppenheimer*, dirigido por Christopher Nolan (2023), saiba que está perdendo um verdadeiro raio-x da depravação humana.

[4] John Stott, *O cristão em uma sociedade não cristã: Como posicionar-se biblicamente diante dos desafios contemporâneos* (Rio de Janeiro: Thomas Nelson Brasil, 2019), p. 147-148.

Como herança desses conflitos, vivemos hoje em um tempo marcado por uma melancólica descrença na humanidade e por uma busca zelosa pela defesa de direitos da pessoa humana. Nossa maldade foi desnudada durante o século passado; vimos o nosso potencial não apenas para o bem, mas também para o mal, e mal manifesto em forma nuclear.

Assim, em 10 de dezembro de 1948, criou-se a Declaração Universal dos Direitos Humanos (DUDH). A Agência Senado publicou, em 2018, um texto interessantíssimo sobre a DUDH:

> Em 10 de dezembro de 1948, a Organização das Nações Unidas promulgava a Declaração Universal dos Direitos Humanos (DUDH). Era uma resposta imediata às atrocidades cometidas nas duas guerras mundiais, mas não só isso. Era o estabelecimento de um ideário arduamente construído durante pelo menos 2.500 anos visando a garantir para qualquer ser humano, em qualquer país e sob quaisquer circunstâncias, condições mínimas de sobrevivência e crescimento em ambiente de respeito e paz, igualdade e liberdade.[5]

Hoje, nossa geração tem uma preocupação especial com as instituições de defesa dos direitos. Essas

[5] Agência Senado, "Carta de Direitos Humanos completa 70 anos em momento de incertezas", dezembro de 2018, <https://www12.senado.leg.br/noticias/infomaterias/2018/12/70-anos-da-declaracao-universal-dos-direitos-humanos>.

instituições, por conseguinte, procuram se estabelecer e se fortalecer.

UM RAIO-X DO NOSSO TEMPO

Nosso tempo, portanto, é marcado pela luta por direitos e por uma postura vigilante para enfrentar as injustiças e o potencial maléfico do ser humano. A história humana é marcada por crises, como já vimos. O nosso tempo também tem suas tensões, como as crises migratórias e humanitárias, que desnudam o racismo, o etnocentrismo e preconceitos diversos. Organizações e agências humanitárias contabilizaram mais de quatro mil mortes de migrantes em todo o mundo no final de 2021,[6] reflexo de uma grave crise humanitária.

Assim, nossa época também é marcada por violências e por partidarismos, inclusive dentro das igrejas. Com o advento das mídias sociais, bolhas sociais são reforçadas e, com isso, polarizações se estabelecem de forma exacerbada. Com novos desafios, a modernidade tem lá suas próprias doenças.

Em resumo, poderíamos diagnosticar nosso tempo como um período caracterizado por uma ampla crise

[6] CNN, "Pessoas sem pátria e terra: a crise mundial de migrantes e refugiados em 2021", 26 de dezembro de 2021, <https://www.cnnbrasil.com.br/internacional/pessoas-sem-patria-e-terra-a-crise=-mundial-de-migrantes-e-refugiados-em2021-/#:~:text-No%20final%20de%202021%2C%20o,de%20migração%20que%20marcou%202021>.

civilizatória e humanitária, e que apresenta velhas e novas patologias.

De certa maneira, a história humana é marcada pela busca de vanglória e pela eliminação e destruição do outro, segundo a ideia de "que vença o mais forte", com a selvageria e a incivilidade exaltadas como virtudes. O hiperindividualismo da modernidade aprofunda essas inclinações, suscitando novas formas de explorarmos uns aos outros. A criatividade do pecado nos ajuda a conceber sempre novas formas de desumanização para a velha humanidade, pois sempre tentamos ser deuses de nós mesmos e delimitar o certo e o errado. Somente Deus nos trata como plenamente humanos e nos chama a tratar uns aos outros como plenamente humanos, como portadores de sua imagem e semelhança. Sem Deus, nossa natureza pecaminosa sempre nos levará a ver o outro como objeto para nossa satisfação pessoal.

Se levássemos mais a sério a Palavra de Deus, ficaríamos menos surpresos com a maldade humana, pois Salomão já nos ensinou, há muito, que não há nada novo debaixo do sol (Ec 1.9). Nas palavras do sábio: "A história simplesmente se repete. O que foi feito antes será feito outra vez. Nada debaixo do sol é realmente novo. De vez em quando, alguém diz: 'Isto é novidade!'. O fato, porém, é que nada é realmente novo. Não nos lembramos do que aconteceu no passado, e as gerações futuras tampouco se lembrarão do que fazemos hoje" (Ec 1.9-11). E é isso que observamos na história: não há nenhuma novidade, apenas velhas maldades sendo cometidas de formas diferentes. Por isso a sabedoria de Jesus tem muitíssimo valor: observar e saber interpretar os tempos certamente nos fará mais sábios.

SOMOS MAUS, DEUS É BOM

A própria história humana revela a perversidade do coração humano. De certa maneira, o mundo não deixa de ser uma grande Babilônia. E nós, enquanto cristãos, somos peregrinos exilados, estamos em território estranho. Como cristãos, pela ética do evangelho, estranhamos essa forma dos que vivem de maldade em maldade. Estranhamos, mas ela não nos deve surpreender.

Conhecer a doutrina da depravação total e do pecado original blindará nosso coração de decepções exageradas com relação à humanidade caída. As frustrações existirão, sempre, pois devemos cuidar uns dos outros e isso significa ter sensibilidade com relação ao sofrimento humano. Contudo, as decepções e frustrações não podem nos deixar desapontados a ponto de esquecermos que Deus é bom, embora a humanidade seja pecadora. Será libertador ter a doutrina da depravação total gravada na mente e no coração, pois nos protegerá de projetar em Deus os erros humanos.

É importante reiterar que conhecer a doutrina da depravação humana nos protegerá de confundir as ações humanas com o caráter do Criador, mas que as frustrações motivadas por ações humanas pecaminosas são inevitáveis e têm de existir. Alguns de nós acabam indo para o extremo de dizer que "a humanidade é pecadora mesmo, somos maus", e desenvolvem uma apatia medonha em relação ao sofrimento das outras pessoas. Isso também é pecado, pois devemos carregar os fardos uns dos outros para cumprir a lei de Cristo (Gl 6.5). Além disso, a lei do reino de Cristo é a lei do amor, como o apóstolo Tiago nos diz: "Se vocês de fato obedecerem à lei do reino, conforme a Escritura afirma: 'Ame ao seu próximo como a você mesmo', agem corretamente. Mas, se tratarem os outros com parcialidade, cometem pecado e serão condenados pela lei como transgressores" (Tg 2.8-9, NVI).

SOMOS CHAMADOS A CUIDAR DA CULTURA

Nós, cristãos, somos enviados como exilados à Babilônia, para nos compadecer dos que sofrem e para buscar coisas boas e mais excelentes para nossa cultura. O teólogo Timothy Keller explica melhor isso quando comenta a passagem de Jeremias 29:

> De Gênesis a Apocalipse, a Babilônia é representada como o epítome, no orgulho e na violência — a suprema cidade do homem. Os valores dessa cidade contrastam totalmente com os valores da cidade de Deus; mesmo assim, aqui os habitantes da cidade de Deus são convocados a ser os melhores residentes dessa cidade do homem em particular. Deus manda que os exilados judeus não ataquem,

> não desprezem nem fujam da cidade — mas busquem sua paz, que amem a cidade enquanto crescem em número.
>
> Deus continua, acima de tudo, interessado em seu plano de salvação. Ele tem de estabelecer seu povo; o evangelho tem de ser proclamado; os seres humanos têm de se reconciliar com ele. E Deus assegura ao povo que fazer o bem a essa cidade pagã faz parte de seu plano [...] Querer bem e servir à cidade não apenas revela amor e compaixão; agir assim também fortalece as mãos do povo de Deus, que leva a mensagem ao mundo.[7]

Ou, nas palavras poéticas de Paulo Nazareth:

> O mundo anda mal das pernas, meu amigo
> O mundo anda de muletas
> É tanto ego, cada um no seu umbigo
> É tanto ódio, tanta treta
> A vida anda pelas ruas na sarjeta
> Jogada pelo chão
> O homem vende a alma por qualquer gorjeta
> Para comer do pão que alguém amassou
> Apostou alto, jogou
> Perdeu a rota, tombou
> Escravizado[8]

É natural, portanto, que em nosso tempo, especialmente após a pandemia da COVID-19, as novas gerações

[7]Timothy Keller, *Igreja centrada: Desenvolvendo em sua cidade um ministério equilibrado e centrado no evangelho* (São Paulo: Vida Nova, 2014), p. 171-172.

[8]Rico Ayade e Paulo Nazareth, "O mundo anda mal das pernas" (2016).

se preocupem com questões relativas a direitos e liberdades, visto que o mundo parece estar em constante ebulição. Enfrentamos claramente novos desafios nos períodos pandêmicos, em especial no sentido relacional: a pandemia mudou a forma de nos relacionarmos com o mundo e no mundo.

COMO A PANDEMIA NOS TRANSFORMOU

Em 11 de março de 2020, nossas vidas mudariam de uma forma que jamais poderíamos imaginar. O mundo parou, literalmente. Tivemos de nos habituar com a morte. A princípio, eram apenas nomes, mas, com o tempo, a morte foi se aproximando de nossos vizinhos, familiares, entes queridos. Segundo a Organização Mundial da Saúde, o número de mortes pela COVID foi de quase 15 milhões entre 2020 e 2021.[9]

A pandemia foi também um período em que tentamos nos reinventar e procuramos formas eficazes de nos comunicar. Nesse contexto, a internet foi essencial para não perdermos o contato com nossos amados. O isolamento social fez com que o smartphone e a internet se tornassem ainda mais parte de nossa vida, quase um órgão novo ou uma extensão do corpo humano.

[9] OPAS, "Excesso de mortalidade associado à pandemia de COVID-19 foi de 14,9 milhões em 2020 e 2021", 5 de maio de 2022, <https://www.paho.org/pt/noticias/5-5-2022-excesso-mortalidade-associado-pandemia-covid-19-foi-149-milhoes-em-2020-e-2021>.

A cultura dos influencers, dos blogs, da produção de conteúdo on-line já existia, mas se solidificou e tomou proporções enormes. A criação de conteúdos foi muito expressiva, fossem eles conteúdos bons ou não.[10] Comentaristas on-line de acontecimentos cotidianos se tornaram algo frequente. O smartphone tornou-se ainda mais importante como ferramenta para reivindicar direitos, e o mundo virtual foi se tornando norteador do mundo real. Os que não tinham voz, nesse mundo dos gigantes das mídias que privilegiam os que já estão no poder, perceberam que poderiam usar o espaço digital para falar sobre suas reivindicações e questões.

SABEDORIA BÍBLICA APLICADA ÀS MÍDIAS SOCIAIS

No período pandêmico, além das vicissitudes que enfrentamos com relação a novas formas de relacionamento e de conectividade humana, bem como com relação a mortes constantes e ao uso excessivo da internet, houve ainda uma série de reflexões acerca dos direitos da pessoa humana. Os cristãos, como o restante da humanidade, usam a internet, mas nem sempre refletem sobre a sabedoria bíblica aplicada à forma como usam (ou devem usar) as mídias digitais. O fato é que sobram informações e falta um bom crivo para filtrar a explosão de conteúdo diário que recebem por seus dispositivos eletrônicos.

[10] Quem não se recorda das constantes *lives*? Às vezes, tínhamos simultaneamente mais de dez amigos participando de uma *live*.

Logo, o problema da minha geração não é a falta de informações, mas justamente o excesso de informações que recebemos diariamente pelas mídias sociais, o que acarreta a necessidade mais do que urgente de filtrar essas informações, de usar a boa e velha sabedoria para reter o que é bom e descartar o que é mal. No caso dos cristãos, esse filtro atua no sentido de tomar para si somente o que está de acordo com os preceitos e princípios bíblicos.

É uma verdade dolorosa, mas inegável, que nos tempos atuais muitos em nossas igrejas, especialmente entre os mais jovens, estão sendo discipulados não por pastores e líderes de igreja local, mas por youtubers, instagrammers e tiktokers. O Brasil figura no ranking dos países em que mais se usa o celular no mundo, e isso tem seu significado para a igreja também. Veja os dados desta notícia publicada no portal G1:

> Uma pesquisa internacional feita por um site de tecnologia mostrou que os brasileiros são praticamente recordistas em tempo conectado a telas de celulares ou outros eletrônicos. Por aqui, a população fica em média nove horas e meia por dia utilizando esses aparelhos. O número assusta bastante, e só não é maior que o da África do Sul. Em 2022, Brasil ocupava o mesmo posto no mundo. Curiosamente, o Japão, país que é considerado dos mais avançados em tecnologia, vê a população utilizar celulares por 1/3 do tempo que os brasileiros utilizam.[11]

[11] Hora 1, "Pesquisa mostra que brasileiros passam 9h por dia ao celular ou em outros aparelhos eletrônicos", G1, 25 de agosto de 2023,

Não há como o ensino de fim de semana na igreja competir com a bomba de informações diárias que as pessoas têm recebido.[12] A grande pergunta de nosso tempo é: como a liderança local pode ajudar nossos jovens a filtrar as muitas informações que recebem, para que possam permanecer firmes em Jesus Cristo?

TEOLOGIA PARA O DIA A DIA

A resposta para essa grande questão é que nossa teologia precisa ser pensada de modo que deságue em missões e na ação prática do cristão na sociedade, para pregar o evangelho e promover o bem comum. Se tivermos uma teologia que não desemboque em ações missionais, viveremos de forma incompleta e reduziremos, em vez de difundir, a extensão do evangelho no mundo. O teólogo e missionário Timóteo Carriker disse que "a igreja missional é aquela que cumpre seu papel nos propósitos de Deus para a redenção do mundo".[13]

Percebo que, muitas vezes, nossa teologia é pouco prática e muito teórica. Parece ser mais templo-cêntrica,

<https://g1.globo.com/hora1/noticia/2023/08/25/pesquisa-mostra-que-brasileiros-passam-9h-por-dia-ao-celular-ou-em-outros-aparelhos-eletronicos.ghtml#>.

[12]Essas informações recebidas das mídias sociais também são formativas — ou deformativas. Assim, se os que usam as mídias sociais não tiverem a mente e os dedos revestidos pela Palavra e pelo poder do Espírito Santo, a internet pode acabar se tornando um problema.

[13]Timóteo Carriker, *O que é igreja missional: Modelo e vocação da igreja no Novo Testamento* (Viçosa, MG: Ultimato, 2018), p. 105.

exaltando uma vida cristã de fim de semana, uma vida cristã que se resume a sábados e domingos. Mas isso faz parecer que o evangelho nada tem a dizer sobre nossos dilemas diários — ou é até mesmo insuficiente para resolvê-los.

Vemos nas Escrituras os salmistas passando por diversos dilemas, sejam eles uma tristeza profunda ou uma alegria indizível, ou ainda sofrendo perseguições e inimizades. Em todos os salmos, há uma dinâmica na qual os seres humanos conversam com Deus e o Senhor os ouve e responde. Ora, o autor de Hebreus disse que Jesus Cristo é o mesmo ontem e hoje e eternamente (Hb 13.8), pois uma das características do caráter de Deus é ser imutável. O mesmo Deus dos salmistas é o Deus de hoje.

Nosso Deus é relacional. Ele é o Deus que se importa com os dilemas humanos e que sabe como resolvê-los. Deus falou no passado e fala hoje. Sua Palavra tem resposta para todos os dilemas humanos. O problema que enfrentamos é que a nossa teologia, muitas vezes avessa a missões, nos faz colocar Deus em caixas nas quais ele não cabe, sejam elas caixinhas teológicas ou mesmo sociopolíticas. Por isso, defendo que a igreja precisa urgentemente recuperar a visão missional e ter uma teologia prática que aplique a sabedoria bíblica no dia a dia.

A GERAÇÃO ATUAL PRECISA AINDA MAIS DA DIREÇÃO BÍBLICA

Para esta geração mergulhada na cultura do excesso de informação, a igreja local se faz cada vez mais imprescindível e essencial. Nossa geração precisa de Bíblia, de teologia saudável aplicável aos desafios contemporâneos.

Refiro-me a desafios como racismo, discriminação, homossexualidade e questões ligadas a orientação de gênero, imigração, globalização e alteridade. Precisamos pensar seriamente se nossos pastores e líderes estão capacitados para aplicar os princípios bíblicos aos desafios atuais. As próximas igrejas a serem implantadas saberão lidar com essas demandas? Ou perderão vários membros desta nova geração, por não saberem como se comunicar com eles, aplicando o evangelho aos desafios que estão enfrentando na escola, na universidade, no trabalho?

Deus é soberano sobre todas as coisas e sempre tem algo a dizer a respeito de todo e qualquer dilema que estejamos enfrentando. É inadmissível um cristão dizer que não há como olhar biblicamente para os assuntos contemporâneos, pois Deus tem, sim, algo a dizer sobre todas as coisas relacionadas à sua Criação.

Muitas vezes estamos respondendo a perguntas que ninguém está fazendo e deixando de responder às perguntas que estão sendo feitas, pois somos muito mais dados a falar do que a ouvir. A falta de respostas às perguntas que as pessoas desta geração estão fazendo tem um custo: a perda de vários para a vida secular, por acharem que o evangelho não tem nada a dizer sobre os dilemas que uma pessoa do século 21 vive. É mais do que urgente pensar em como podemos fazer um discipulado efetivo, que responda às perguntas e aos dilemas de nosso mundo contemporâneo.

Oro a Deus para que nossa geração seja discipulada pelo evangelho genuíno, puro e simples; para que nossa geração seja discipulada primeiramente pelos pais, em casa, e também por seus pastores e líderes, na igreja local, para que assim, à luz do evangelho e dos bons conselhos dos mais velhos, saibam discernir a avalanche de informação que recebem diariamente pelo TikTok, YouTube e Instagram. Minha oração é que a igreja perceba que a minha geração, e as gerações mais novas, precisam, mais do que nunca, ser discipuladas presencialmente por pastores e líderes de igrejas locais. Por pessoas reais, e não pela internet. Esse é o desafio que apresento neste livro.

01

A sede humana por conexão

Como é bom e agradável quando os irmãos vivem em união!

Salmos 133.1

Sábados e domingos são dias especiais para mim, pois são momentos de encontrar meus amigos e irmãos no culto dedicado ao Senhor. É sempre muito especial entoar o canto da igreja, todos juntos louvando ao Senhor. É lindo ouvirmos juntos a Palavra de Deus e sermos renovados por ela. Olho ao meu redor e vejo pessoas muito diferentes de mim, pessoas com histórias diversas, algumas fáceis de amar, outras um pouco mais complicadas, mas todas unidas por causa daquele que nos amou primeiro. A unidade do corpo de Cristo é uma das coisas mais preciosas que o Criador inventou.

É uma bênção essa comunhão. Amamos nos conectar uns aos outros, pois é também pelo olhar do outro que entendemos a nós mesmos e quem somos. O indivíduo encontra-se no coletivo, pois não há indivíduo sem o coletivo. Não existe o *eu* sem o *tu*. E é nessa interdependência de unidade e comunhão, nesse encontro com o outro, que nos encontramos também. Como é bom e agradável que vivamos unidos em comunhão!

Esse conceito de o indivíduo se encontrar no outro é antigo. Em 1923, o teólogo e filósofo Martin Buber publicou seu livro *Ich-Du*, ou "Eu-Tu", em que abordava esse conceito. Fred H. Klooster, comentando esse livro do Buber, diz:

O livro de Buber, de estilo fragmentário e poético, declara que "para o homem, o mundo é dúplice, de acordo com sua atitude dúplice". Dois conjuntos de "palavras primárias" expressam essa atitude dual: "eu-tu" e "eu-outro". A relação "eu-outro" é objetiva, distante, indiferente. Nesta, o *eu* experimenta e usa as pessoas e coisas com uma atitude observante, objetivista e manipuladora. Em contraste, a relação *eu-tu* implica mutualidade, diálogo, abertura, receptividade e envolvimento. A totalidade do ser estará, então, envolvida na esfera de mutualidade e diálogo. Somente a relação *eu-tu* capacitará o homem a alcançar sua existência autêntica num encontro de amor com Deus e com o próximo.[1]

Martin Buber deixa claro o ponto da mutualidade das relações. Buscar ser autênticos e entender a nós mesmos como indivíduos não é o problema. O problema é tentar fazer isso sozinhos, achando que nos bastamos a nós mesmos e que podemos prescindir do outro para existir em uma relação. É importante essa amplitude que Buber traz, no sentido de que a cultura, como um todo, nos molda e nos faz ser quem somos.

Por mais que eu seja introspectiva, sempre gostei de conversar. Segundo meus pais, desde criança sempre fui muito "faladeira";[2] ao crescer, fui ficando um pouco

[1]Fred H. Klooster, "Relação Eu-Tu", in: *Dicionário de ética cristã* (São Paulo: Cultura Cristã, 2007), p. 501.
[2]A famosa inimiga da timidez [risos].

mais quieta,[3] mas sempre gostei de me comunicar, de conversar, de ter comunhão com as pessoas. Para mim, portanto, sempre foi bastante divertido voltar da escola e ir para o computador conversar com os amigos. Sim, após um longo dia com os amigos na escola, eu ainda queria ficar mais com eles. Confessando um pecado do qual todos os que se relacionam comigo sabem, uma das minhas linguagens do amor é a dos atos de perturbação[4] — logo, vocês podem imaginar que a minha função favorita do MSN nem era tanto teclar com os amigos, mas sim chamar a atenção deles.[5]

Às vezes, eu até demorava para responder meus amigos, mas se eles passassem pouquíssimo tempo sem me responder, eu já lhes mandava a imagem de uma mão fechada movendo-se para a frente, que simulava uma batida na porta e fazia o som de "toc, toc" na tela do MSN. Ainda consigo ouvir o som dessa imagem. Era bastante divertido utilizar essa função do MSN. Bom, ao menos para mim era divertido.[6]

A verdade é que todos nós temos uma sede de conexão, uma sede de relacionamento. Todo ser humano é assim, até o mais tímido ou introspectivo. Ainda que neguemos

[3] Mas meus amigos próximos sabem que não sou tão quieta assim...
[4] Essa linguagem do amor não existe de fato, ela foi inventada por tuiteiros. Falaremos sobre o Twitter (ou X) mais adiante.
[5] Puxa vida, uma pena que no WhatsApp não tenha essa funcionalidade.
[6] Perdão, amigos!

isso ou tentemos viver de forma diferente da vida em comunhão, até mesmo nosso corpo e nossas emoções sinalizarão a falta do encontro com o outro. E nós temos essa sede de relacionamento pela razão primeira e última de que não fomos criados e projetados por Deus para vivermos sozinhos. O Criador disse: "Não é bom que o homem esteja sozinho" (Gn 2.18), e essa é uma declaração claríssima contra a autossuficiência tóxica.

FOMOS PROJETADOS PARA A COMUNHÃO

Em Gênesis 2.23, lemos: "'Finalmente!', exclamou o homem. 'Esta é osso dos meus ossos, e carne da minha carne! Será chamada 'mulher', porque foi tirada do 'homem'".

Nós, seres humanos, fomos projetados para viver uns com os outros. Deus criou uma Eva para Adão, e houve por parte dele uma identificação imediata, com palavras que expressavam que ele tinha encontrado em Eva um outro ser humano com quem compartilhar o mundo, e isso lhe deu alegria. Vemos a nós mesmos, somos sustentados, na relação com o outro.

Nascemos como seres dependentes, e assim vivemos e morremos. Nascemos a partir de outros, a partir de um encontro de amor entre dois seres humanos preexistentes. Vivemos nove meses dentro do ventre de outra pessoa, tendo nossa vida sustentada por outra vida. Ao nascer, passamos pela fase de bebê sendo total e completamente dependentes de outras pessoas: nossos pais amados, nossos avós queridos, nossos tios, vizinhos, amigos, irmãos da igreja.

Enquanto crescemos, precisamos ser instruídos e guiados por outros, para aprender o que é a vida com seus perigos, desafios e oportunidades. No processo de crescimento, abandonamos a ingenuidade e abraçamos a maturidade. Fazemos amigos e tornamos família a quem não era, e assim o desconhecido se transforma em conhecido. O que antes não tinha nome ganha espaço e identidade em nossa vida.

Quando estamos envelhecendo, continuamos dependentes dos outros, e vemos a vida se esvaindo aos poucos, o que provoca o aparecimento de novas dependências. Quando morremos, outros têm de carregar nosso caixão, outros choram nossa partida.

Somos dependentes e precisamos uns dos outros em todas as estações, em todas as fases da vida. Tocamos a vida dos outros e somos tocados por eles. Nossas ações respingam em outros e as dos outros, em nós. Nesta grande casa que é o mundo somos interdependentes; nossas vidas, de certa forma, estão entrelaçadas. Temos essa sede de conexão porque fomos projetados pelo Criador para assim sermos. Podemos até tentar inventar para nós mesmos nossas próprias regras, mas a sociedade é estruturada para a relação, e não para o caminhar sozinho.

Dietrich Bonhoeffer fala sobre isso em *Vida em comunhão*, quando diz: "A irmandade cristã não é um ideal que nós temos de tornar realidade. Pelo contrário, é uma realidade criada por Deus em Cristo, da qual temos o privilégio de participar".[7] A comunhão é algo que foi criado em Deus para a humanidade e atinge seu ponto máximo em Cristo Jesus, quando ele cria a igreja e nos ensina a vivermos como irmãos, sempre na comunhão preestabelecida pela Trindade.

NÃO É BOM ESTAR SÓ

Em Gênesis 2.18, por sua vez, lemos: "O SENHOR Deus disse: 'Não é bom que o homem esteja sozinho. Farei alguém que o ajude e o complete'".

No ato da criação, Deus se alegra com sua criatividade e com seu trabalho. Em um ato de autoelogio,[8] de autoglorificação, Deus olhou as coisas que havia criado e "viu que isso era bom" (Gn 1.10,12,18,21,25). Ele se alegra em sua criação. E ainda, depois de criar os seres humanos, "Deus olhou para tudo que havia feito e viu que era muito bom" (Gn 1.31).[9] No relato da criação, registra-se sempre que o Criador olha para o que criou e depois se regozija com o que fez. É preciso, portanto,

[7] Dietrich Bonhoeffer, *Vida em comunhão* (São Paulo: Mundo Cristão, 2022), p. 28.

[8] Só Deus pode fazer isso, não tente fazer isso em casa.

[9] Confira: Gênesis 1.10 (separação entre a água e a parte seca); Gênesis 1.12 (criação da vegetação segundo suas espécies); Gênesis 1.16-18 (separação entre luz e trevas); Gênesis 1.21 (seres vivos das águas e aves); Gênesis 1.25 (animais domésticos, animais que rastejam pelo chão e animais selvagens); Gênesis 1.27 (seres humanos).

ter olhos para ver (Ez 12.2). Não apenas criar, não apenas gerar e formar, mas também ter espaços para contemplar a criação, para ter oportunidade de avaliar e refletir sobre a coisa criada.

Há, no entanto, um momento significativo na criação, que não pode passar batido aos nossos olhos e à nossa consciência: é quando Deus não se alegra com o que vê. Deus estava olhando para tudo e achando que havia perfeição, completude e harmonia. Contudo, ao olhar para o homem sozinho, algo o decepciona. Então, ele diz: "Não é bom que o homem esteja sozinho. Farei alguém que o ajude e o complete" (Gn 2.18). Deus não se alegra com a solidão do homem e lhe providencia uma companheira. Deus cria Eva para Adão.

Deus chama a solidão de algo que "não é bom". Viver na solidão é algo que gera em Deus um estado de insatisfação. Deus não nos fez para vivermos sozinhos, mas sim para vivermos em comunhão e fraternidade.

O Deus triúno, que vive em perfeita unidade, comunhão e amor eterno, nos convida a viver de forma harmoniosa neste mundo caótico. A doutrina da Trindade é a doutrina antissolidão. A verdade da existência de três pessoas que são um Deus nos convoca a viver na companhia uns dos outros. Escolher a solidão e a autossuficiência é, portanto, viver de forma contrária ao plano original do Criador para a humanidade. O teólogo Tim Chester, ao falar sobre a doutrina da Trindade, disse que é a cruz que revela essa doutrina. Nas palavras dele:

> A criação pode nos apontar o "eterno poder e a natureza divina" de Deus (Rm 1.20), contudo não revela sua identidade trinitariana. Todas as analogias extraídas da natureza estão aquém da explanação do mistério da Trindade. Nem mesmo a Escritura revela explicitamente a Trindade — não no sentido de providenciar textos que a mostrem claramente. Em última instância, é a cruz que assegura a doutrina da Trindade. "Desamparo" é um termo interpessoal. A cruz torna possível que entendamos a Trindade como uma comunidade de pessoas em relacionamento.[10]

A cruz revela o relacionamento eterno de amor de Deus, mas também o abandono que Deus fez de si mesmo, para poder ter relacionamento pleno conosco. Tudo da Trindade revela uma busca ativa por relacionamento e comunhão.

A sede de conexão, portanto, é algo natural; contudo, devemos avaliar a qualidade das conexões. A conexão, para ser verdadeira, deve existir para ambas as pessoas envolvidas naquela relação e deve ser abnegada e sincera. É preciso que resistamos à tentação de querer fazer dos outros a nossa imagem e semelhança. Uma relação envolve o outro, e isso significa o outro na essência do que significa ser o outro — ou seja, o fato de o outro não ser eu.

[10]Tim Chester, *Conhecendo o Deus Trino: Porque Pai, Filho e Espírito Santo são boas novas* (São José dos Campos, SP: Fiel, 2016), p. 77.

Ao criar Eva para Adão, Eva tinha a carne e os ossos de Adão, mas foi criada para ser alguém que o ajudasse e o completasse, e não para ser o próprio Adão. A beleza das relações está nas particularidades das pessoas. De fato, Deus criou cada ser humano único. O outro é o não eu, que tem suas qualidades e seus defeitos, suas potencialidades e suas incapacidades. Isso é ser humano, pois é na relação, na comunhão, que aprendo e ajudo o outro a aprender.

Contudo, nesta era da hiperconexão, devemos tomar cuidado para não banalizar algo que é precioso aos olhos do Senhor: a conexão uns com os outros. Tudo o que é em excesso corre o risco de cair no esvaziamento. Temos, como cristãos, de avaliar se a nossa sede de conexão está de acordo com aquilo que Deus prescreveu que fosse, e se não estamos caminhando para a banalização da conexão.

A BANALIZAÇÃO DA CONEXÃO

Filipenses 2.3-4 serve de alerta contra o desvirtuamento da conexão: "Não sejam egoístas, nem tentem impressionar ninguém. Sejam humildes e considerem os outros mais importantes que vocês. Não procurem apenas os próprios interesses, mas preocupem-se também com os interesses alheios".

Esse desvirtuamento é a banalização da conexão, que ocorre quando nos desconectamos do sentido original para o qual Deus criou a conexão, que é para que haja plena e verdadeira comunhão. Se "consumimos" os outros para nossa satisfação pessoal, agimos de modo egoísta e traímos o propósito da comunhão--conexão. O outro ser humano foi criado pelo Senhor para que vivamos mutuamente em comunhão, serviço e amor. O outro não foi criado para ser "consumido" como se fosse um objeto.

A era digital tem como componente doutrinador e formativo o fato de ver o outro como um objeto a ser consumido. As pessoas se tornam perfis, e ao serem desumanizadas fica mais fácil tratá-las de modo trivial, banal. A trivialidade das relações é consequência lógica da banalização da conexão. Dessa maneira, tentamos fazer com que o outro seja a nossa própria imagem e semelhança, e não a imagem e semelhança de Deus. Queremos ver nossas próprias ideias serem expostas pelo outro, e não a troca real que se dá na relação real.

Luke Greenwood, diretor europeu da Steiger, organização missionária que se dedica à evangelização e ao discipulado de jovens por todo o mundo, ao falar sobre a cultura jovem global nos trouxe um esboço de como o globalismo, o consumismo e o humanismo secular também se infiltraram nas igrejas e nos fizeram perder de vista a missão:

> Provavelmente foi o consumismo que impactou mais negativamente a cultura da igreja. Focada no entretenimento mais que em qualquer outra coisa, o showbiz dos cultos procura competir com a indústria do entretenimento pela atenção das pessoas. Isso criou uma fé superficial e

> autocentrada, que nos faz procurar constantemente a próxima experiência espiritual na próxima conferência e pular de igreja em igreja até encontrar aquela que seja ideal par atender às nossas necessidades.
>
> Assim como o consumismo leva a relações fragmentadas e uma perda de identidade na Cultura Jovem Global, também a igreja tem muitas vezes perdido seu senso de comunidade e se encontra numa crise de identidade. Esta geração acelerada e sem compromisso formou igrejas que se assemelham mais a clubes sociais com visitantes descompromissados do que uma família de membros verdadeiramente comprometidos uns com os outros, conforme descrito em Atos.
>
> Grande parte da igreja perdeu sua identidade e, assim, se esforça para saber como se posicionar numa sociedade em constante movimento e mudança. Não temos voz porque não sabemos o que dizer. Não fazemos parte do embate do debate porque esquecemos qual é a nossa mensagem.[11]

De certa forma, a relação on-line é artificial, e isso nos faz também nos tornarmos mais artificiais. O mundo on-line tem também moldado as relações off-line, as relações reais. E isso traz alguns problemas: não sabemos respeitar o que faz o outro ser o outro e acabamos por não saber como conviver com o outro. Vivemos tanto em nossas bolhas das redes sociais que

[11] Luke Greenwood, *Cultura Jovem Global: Como suprir a fome espiritual de uma geração* (São Paulo: Mundo Cristão, 2021), p. 89-90.

estamos buscando que outros sejam a nossa imagem e semelhança também nas relações reais. O virtual está invadindo o real, e isso redunda no fato de estarmos transformando nossas igrejas e nossos cultos jovens em meros shows de entretenimento. Acabamos reproduzindo a cultura e fazendo com que as nossas igrejas sejam uma espécie de prateleira para consumo. Com isso, os jovens vão pulando de igreja para igreja à procura dos seus sonhos de consumo.

É claro que essa tendência humana de "consumir" o outro não se inicia com as mídias sociais, mas certamente é potencializada por elas. Antes, demonstrávamos nosso desejo de comunhão com o outro visitando[12] uns aos outros — às vezes, nos reuníamos em torno de álbuns de fotografias antigas, por exemplo. Hoje em dia, pelas mídias sociais podemos mostrar nossos "melhores" momentos. Não há nada de novo na ontologia das coisas, nada que seja diferente dos tempos antigos. Contudo, os tempos de hoje dão maior visibilidade para a vida do outro e isso pode nos fazer olhar o outro como objeto de nosso consumo, e não como alguém com quem ter comunhão.

[12]A inveja também ocorria nas visitas, ao ver a casa do outro, as possibilidades do outro. As mídias apenas potencializam isso, mostrando de forma mais rápida e com muito mais frequência a vida do outro. Isso pode nos causar alegria ou tristeza ou inveja ou a criação de amizades que possam nos favorecer de alguma forma.

Há, portanto, dois perigos anticriacionais:[13] 1) o da busca pela autossuficiência, isolando-se; 2) o da banalização da conexão. Voltaremos a esses pontos em outros momentos.

A REGRA DE OURO

É na própria Escritura que encontramos a essência da regra de ouro: "Em todas as coisas façam aos outros o que vocês desejam que eles lhes façam. Essa é a essência de tudo que ensinam a lei e os profetas" (Mt 7.12).

A questão é que acabamos transformando o outro em objeto de consumo, para nossa satisfação pessoal, e não o vendo como alguém a ser servido, pois somos viciados em nós mesmos. A sociedade das *selfies* não nos permite ver quem está ao lado. A comunhão em torno da mesa é substituída pela ensimesmação. O olho no olho é trocado por olhos grudados somente nas telas. Apreciamos e queremos atenção e conexão, mas nem sempre estamos dispostos a conceder isso aos outros. Com isso nos tornamos hipócritas, pois não damos ao outro aquilo que dele recebemos ou queremos receber.

Jesus resume a Lei e os Profetas, ou seja, todo o Antigo Testamento, no mandamento do amor ao próximo. Jesus não está pedindo ou orientando que façamos aos outros aquilo que queremos que façam a nós; ele está ordenando,

[13]Perigos porque não estão de acordo com o mandato criacional de Deus.

isso é um mandamento. Precisamos tomar suas palavras com a devida seriedade que possuem.

Paulo também falou sobre isso, quando escreveu em Romanos 13.8-10:

> Não devam nada a ninguém, a não ser o amor de uns pelos outros. Quem ama seu próximo cumpre os requisitos da lei de Deus. Pois os mandamentos dizem: "Não cometa adultério. Não mate. Não roube. Não cobice". Esses e outros mandamentos semelhantes se resumem num só: "Ame o seu próximo como a si mesmo". O amor não faz o mal ao próximo, portanto o amor cumpre todas as exigências da lei de Deus.

A regra de ouro é vista por toda a Escritura. Essa regra deixa claro o fato de que devemos servir o outro, deixa claro qual é a ética cristã relacional. A conexão com o outro é algo precioso para Deus, e essa relação deve se dar a partir do amor, de um cuidado genuíno com o outro, e não procurando instrumentalizar o outro para que sirva aos nossos próprios interesses.

As ferramentas que existem nas relações virtuais podem estar nos deformando e desvirtuando a forma como deveríamos agir. Com apenas um clique, podemos seguir ou deixar de seguir alguém. Com uma curtida, achamos que estamos comprando o favor do outro. Com várias curtidas, negociamos ou "vendemos" nossos valores para nos adequar àquilo que nossos seguidores querem que digamos, transformando a nós mesmos e aos outros em objetos de consumo.

Mas não deveria ser assim. Faz parte do amor ao próximo a conexão verdadeira, o olhar no olho. Se detestamos quando falamos com alguém que só fica olhando para a tela do seu celular, não deveríamos fazer o mesmo com os outros. Se odiamos que as pessoas não estejam plenamente presentes, que não estejam sintonizadas conosco, mesmo que estejam ao nosso lado, não deveríamos fazer o mesmo — ou seja, não deveríamos, por exemplo, nos sentar à mesa, mas dar mais atenção às pessoas que estão por trás das nossas telas do que àquelas que estão ao nosso lado.

Portanto, resta claro que, nesta era digital, precisamos reformular nossas relações segundo a ética do amor e da comunhão, exatamente como o Senhor nos instrui. A sede humana por conexão jamais será satisfeita por relações que se baseiam na objetificação do outro, na banalização das conexões, na lógica do consumo, das relações superficiais e da autossuficiência tóxica. Fomos projetados pelo Criador para viver em comunhão: "Não é bom que o homem esteja sozinho" (Gn 2.18).

02

A hiperconexão é um hiperproblema

Sobre tudo o que se deve guardar,
guarda o coração,
porque dele procedem as fontes da vida.

Provérbios 4.23, ARA

Não há dúvida de que a evolução tecnológica é algo positivo para a sociedade humana. De fato, por eu ter a mente formada e desenvolvida segundo o estilo de vida do século atual, para mim é até difícil imaginar que, em tempos antigos, para se comunicar com alguém distante, era necessário enviar uma carta, a qual demorava muito tempo, semanas ou mesmo meses, para chegar ao destinatário. Em um mundo de cliques, um mundo virtual e digital, é difícil encarar com normalidade o mundo análogico. Contudo, a despeito dos inegáveis benefícios da evolução tecnológica, como sempre acontece na história humana, nem tudo são flores. Com os prós também vêm os contras.

Em *Vida para consumo*, o sociólogo e filósofo polonês Zygmunt Bauman disse que a sociedade moderna tem dificuldade em separar a vida pública da vida privada, visto que tudo se torna público na "cibervida": "No cerne das redes sociais está o intercâmbio de informações pessoais".[1] E é verdade, não é mesmo? Gostamos de compartilhar com quem estamos, o que comemos ou deixamos de comer, do que gostamos ou deixamos de gostar, os lugares que frequentamos etc. De certa forma, nas mídias sociais, fazemos a exibição de uma imagem pessoal que queremos projetar para o

[1]Zygmunt Bauman, *Vida para consumo: A transformação das pessoas em mercadoria* (Rio de Janeiro: Jorge Zahar, 2008), p. 6.

mundo. O problema é que essa exibição muitas vezes é feita sem o mínimo de reflexão.

Bauman traz um conceito que considero importante para nós, cristãos: o conceito dos "confessionários eletrônicos portáteis".

> Seria um erro grave, contudo, supor que o impulso que leva à exibição pública do "eu interior" e a disposição de satisfazer esse impulso sejam manifestações de um vício/anseio singular, puramente geracional e relacionado aos adolescentes, por natureza ávidos, como tendem a ser, para colocar um pé na "rede" (termo que está rapidamente substituindo "sociedade", tanto no discurso das ciências sociais quanto na linguagem popular) e lá permanecer, embora sem muita certeza quanto à melhor maneira de atingir tal objetivo. [...] Os adolescentes equipados com confessionários eletrônicos portáteis são apenas aprendizes treinando e treinados na arte de viver numa sociedade confessional — uma sociedade notória por eliminar a fronteira que antes separava o privado e o público, por transformar o ato de expor publicamente o privado numa virtude e num dever públicos, e por afastar da comunicação pública qualquer coisa que resista a ser reduzida a confidências privadas, assim como aqueles que se recusam a confidenciá-las.[2]

É legítimo o desejo por conexão com os outros. Contudo, esse desejo deve ser muito bem administrado, para não sermos ingênuos, tolos ou presunçosos e arrogantes

[2]Ibid., p. 9-10.

em nossas relações. Acredito que Bauman acerta aqui, quando diz que nossa sociedade é confessional e está acostumada a tornar tudo público. O desejo por conexão, se não for bem gerido, pode revelar nosso coração que anseia por ser visto, notado, comentado, benquisto e amado. Dá para conhecer muito do coração de uma pessoa simplesmente observando o que (e como) ela expõe sua vida nas mídias sociais.

O sábio, no entanto, nos convida à reflexão. Em outras palavras, ele nos pergunta: "Por que você posta o que posta? Onde e como está o seu coração?". O sábio sabe — e nos ensina — que do coração procedem as fontes da vida. Há duas coisas aqui para elucidar. Primeira, que o coração, para a sociedade antiga, significava o centro do ser humano. Como disse Bruce K. Waltke, um dos mais destacados estudiosos do Antigo Testamento na atualidade: "O que está em discussão aqui é o coração como a fonte das atividades do corpo", visto que "os antigos atribuíam as funções do corpo ao coração", como as expressões faciais, a língua e outros membros.[3] Assim, o coração não era visto da forma romântica que vemos hoje em dia, mas representava o todo do ser.

A segunda coisa a elucidar é: o que o sábio quis dizer com a expressão "fontes da vida"? Ainda segundo Waltke, "a metáfora sugere não apenas que a vida tem suas fontes no coração", mas também que "a direção que

[3]Bruce K. Waltke, *Provérbios*, Comentários do Antigo Testamento (São Paulo: Cultura Cristã, 2011), p. 385.

ela toma é determinada pelo coração".[4] A nossa vida é conduzida, primeiramente, pelo que pensamos e maquinamos em nosso coração. Por isso temos de diariamente cuidar do nosso coração, pois ele dirigirá nossas ações, estando nós conscientes ou não disso.

E o que isso tem a ver com a "cibervida"? Tudo. Quanto mais cronicamente on-line ficarmos, mais mostraremos como nosso coração está — pelas curtidas, pelos posts que compartilhamos ou publicamos, pelas interações que fazemos. E, aliás, essa hiperconexão revela que não sabemos viver sozinhos, que temos uma crônica carência de atenção. Quando nossa sociedade destrói o muro entre o privado e o público e nos tornamos uma sociedade confessional, confessando indiscriminadamente e sem sabedoria tudo o que pensamos e somos, acabamos por revelar muitas de nossas inseguranças e fragilidades.

O filósofo e ensaísta Byung-Chul Han, em seu já clássico *Sociedade do cansaço*, diz que muitas vezes temos a ilusão de que, quanto mais ativos formos, quanto mais conectados estivermos, mais livres seremos.[5] Contudo, a verdadeira liberdade não está em simplesmente a pessoa fazer o que quiser, na hora que quiser e como bem entender, mas sim em saber o que Han chama de "instintos limitativos", ou seja, saber discernir os

[4]Ibid., p. 385-386.

[5]Byung-Chul Han, *Sociedade do cansaço* (Petrópolis, RJ: Vozes, 2017), p. 52.

momentos em que as interrupções são necessárias, e também saber se controlar, para que não seja tentada ao vício de uma vida de conexão ilimitada, que acaba por banalizar os relacionamentos.

Mais do que isso, se somos acostumados a viver confessando tudo a todos, muitas vezes acabamos por deixar de conversar primeiro com Aquele que pode nos ajudar em nossas questões, estabelecendo relações secundárias e terciárias e deixando de lado a relação primária com nosso Senhor. A hiperconexão é, portanto, um hiperproblema, pois revela que muitas vezes estamos mais prontos e rápidos a conversar com amigos e desconhecidos sobre nossas aflições do que irmos ao Senhor em primeiro lugar.

E SE OS SEUS POSTS FOSSEM ORAÇÕES?

A Palavra, mais uma vez, orienta nossos passos: "Confie no SENHOR de todo o coração; não dependa de seu próprio entendimento. Busque a vontade dele em tudo que fizer, e ele lhe mostrará o caminho que deve seguir. Não se impressione com sua própria sabedoria; tema o SENHOR e afaste-se do mal" (Pv 3.5-7).

Anos atrás, li um texto intitulado "E se os seus posts fossem orações?", do pastor Cacau Marques, que muito me confrontou. Colocarei aqui alguns longos trechos, pois considero que todo cristão que vive nestes tempos digitais precisa lê-lo:

Vamos fazer um exercício. Abra sua *timeline* no Twitter, Facebook, Instagram. Passe os olhos rapidinho, o que você vê? Você é do tipo das postagens políticas iradas? Das fotos de viagens e encontros com os amigos? Dos posts românticos com o amor da sua vida? Talvez um misto de tudo isso e ainda opiniões sobre filmes que assistiu, meditações sobre temas mais profundos, comportamento, textos religiosos, piadinhas...

Pare um pouco em alguns desses posts. Os que se destacaram mais pra você. Tente se lembrar do sentimento que te dominava quando você postou. Alegria, paixão, orgulho, raiva, indignação, tristeza... Eu sei que já fiz posts tomados por cada um desses sentimentos e acredito que o mesmo aconteça com você.

Agora reflita: Você compartilhou esse sentimento com Deus? Na alegria da viagem, você se lembrou de agradecer a Deus? Na ira contra as pessoas das quais diverge politicamente, você clamou para que a justiça divina se manifeste? Quando compartilhou aquela imagem triste de uma situação injusta acontecendo com pessoas que você nem conhece, você se lembrou de elevar uma prece pedindo a misericórdia do Senhor?

Isso não é uma pegadinha, nem uma forma de criar um sentimento de culpa. É só uma ajuda num diagnóstico espiritual. E não falo na posição de médico, falo na de doente. Porque eu fiz esse mesmo exercício e percebi que não estou agindo de forma correta em relação à minha espiritualidade. Descobri que os meus posts não apenas denunciam minha vida de pouca oração, mas tornaram-se substitutos das minhas orações. Quando posto uma

> crítica raivosa sobre o governo, por exemplo, não só estou expressando a minha indignação. Eu estou clamando por justiça. Sim, estou clamando para que meus amigos e seguidores também derramem sua indignação em forma de postagens, críticas e cancelamento, se necessário. Meu post é uma oração que pretende mover a mão de uma divindade coletiva furiosa.[6]

Estamos nos acostumando a, primeiramente, compartilhar as coisas com nossos seguidores, e só depois com o Senhor, se é que as compartilhamos com ele depois. O que isso revela sobre a nossa vida e o nosso coração? Se a vida digital está nos afastando de nosso Senhor, então ela não é uma vida que vale a pena. Se temos tempo para gastar longas horas com entretenimento digital, mas não temos ao menos dez minutos para passar com Deus em nosso dia a dia, então estamos vivendo da forma errada. Se os meus posts roubam o lugar das minhas orações, então estou vivendo de uma forma que entristece o coração de Deus.

Exibimos muito de nossos sentimentos em nossas *timelines*. Sentimentos esses que muitas vezes não compartilhamos com aquele que de fato pode recalibrar nosso coração e resolver nossos problemas. Cacau Marques continua:

[6] Cacau Marques, "E se os seus posts fossem oração?", Medium, 15 de fevereiro de 2020, <https://cacaumarques.medium.com/e-se-os-seus-posts-fossem-orações-7c6090d99c34>.

Uma postura completamente diferente é a que vemos nos Salmos. Eles estão cheios de orações iradas clamando que Deus destrua inimigos. O salmista Davi, contudo, soube refrear sua mão nas oportunidades em que podia agir contra seu perseguidor Saul. Toda ira sincera lançada sobre Deus é tratada na confiança de que Ele faz o justo e não nós. Afinal, "A ira do homem não produz a justiça de Deus" (Tg 1.20 [ARA]). Os posts furiosos, por sua vez, alimentam a ira humana pois ela é a própria expressão da justiça transcendente que aguardamos. Não postamos para tratar nossa ira, postamos para espalhá-la e intensificá-la.

O mesmo acontece quando compartilhamos algo triste e não oramos pelos que enfrentam aquela situação. Uma criança doente, uma pessoa em situação de abandono, uma catástrofe em um país distante. Quantos #PrayFor você compartilhou sem de fato orar pela causa? O que você de fato esperava com isso? Provavelmente, apenas a concordância de seus amigos em forma de reações e likes que confirmariam a sua bondade intrínseca. Você está só buscando que a divindade coletiva o considere um filho amado no qual ela se compraz.[7]

As curtidas se tornaram uma forma de nos autoafirmarmos, uma forma de nos sentirmos bem com nós mesmos. As mídias sociais, ao ampliar nossa voz e nos colocar em vitrines virtuais, fazem com que o nosso ego fique feliz pela ampla plataforma que agora tem para se exibir. Ficamos viciados em nós mesmos, em

[7] Ibid.

nossas ideias e ideais. Queremos mostrar o quão bom somos, e é mais fácil fazer isso em praça pública, exibindo nossas indignações e qualidades, do que indo para o quarto e pedindo ao Senhor que nos ajude e ajude a humanidade.

Agora vem a parte do texto do Cacau que me golpeou de forma mais intensa. Peço sua total atenção aqui:

> Nossos posts estão tomando o lugar de nossas orações e nossos seguidores tomando o lugar de Deus. Deixamos o quarto em que o pai vê em secreto e vamos para as esquinas orar em pé. Ou melhor, levamos os olhares das esquinas para dentro de nossos quartos onde se ora "de si para si". Já recebemos a recompensa em forma de likes, compartilhamentos, aumento do número de seguidores e de relevância. E não era exatamente por isso que estávamos clamando?
>
> Se a resposta a essa última pergunta é "não", então precisamos fazer algo a respeito. Orar antes de postar. Orar quando não for postar. Orar e não postar. Numa era em que não há mais privacidade, precisamos intencionalmente criar o secreto em que o Pai nos vê. Derramar nosso coração com toda a sinceridade diante dele antes de nos virar do avesso diante do mundo. E encontrar nele a recompensa.[8]

Faça uma pausa e reflita sobre tudo isso, especialmente sobre esta frase: "Nossos posts estão tomando o lugar

[8] Ibid.

de nossas orações e nossos seguidores tomando o lugar de Deus."

Tome um pouco de ar. Minha intenção não é fazer com que, coletivamente, paremos todos de usar as mídias digitais. Não é isso que pretendo, mas sim que façamos um reflexão sobre como vivemos a "cibervida" e se ela tem ou não agradado a Deus. Precisamos tirar um tempo para refletir seriamente sobre como os nossos posts estão tomando o lugar de nossas orações e sobre como nossos seguidores estão tomando o lugar de Deus. Estamos procurando agradar mais a quem: ao Senhor ou aos homens? Estamos mais interessados em seguir *trends* e em ver as últimas novidades do que empenhados em compreender as velhas verdades do evangelho? Estamos mais empenhados em mostrar a nossa justiça própria e receber tapinhas virtuais nas costas, do que de fato nos engajando em oração diante daquele que pode todas as coisas?

Se vivemos em uma sociedade confessional, não há nenhum grupo que entenda mais de vida confessional do que os cristãos. A nossa é uma fé de confissões.[9] O grande ponto é: o que vamos confessar a este mundo que está perdido em suas confissões? Sim, temos uma mensagem a confessar, mas ela não é sobre nós. Nunca foi.

[9] Agostinho de Hipona nos ensinou como fazer isso em suas *Confissões*.

VENHAM AO SENHOR

É o próprio Senhor que nos convida: "Venham a mim todos vocês que estão cansados e sobrecarregados, e eu lhes darei descanso. Tomem sobre vocês o meu jugo. Deixem que eu lhes ensine, pois sou manso e humilde de coração, e encontrarão descanso para a alma. Meu jugo é fácil de carregar, e o fardo que lhes dou é leve" (Mt 11.28-30).

Uma vida hiperconectada nos tira do eixo, pois é extremamente acelerada. A correria nos rouba os momentos de solitude, eliminando as possibilidades de avaliarmos nossas ações e pensamentos segundo os critérios estabelecidos pelo Senhor. Se as demandas da vida fazem com que não tenhamos tempo para estar com o Senhor, então estamos mais ocupados do que Deus gostaria que estivéssemos. Precisamos recuperar os momentos de solitude, os momentos de completo silêncio, sem os ruídos digitais.

Indo mais fundo, no fim das contas, deveríamos saber que esses momentos de solitude com Deus e sua Palavra são preciosos porque não somos nós que lemos a Bíblia, é ela que nos lê. Quando lemos a Bíblia, Deus descortina as janelas para o nosso ser e o apresenta a nós. Vemos a podridão da natureza humana e a glória do Senhor. Vemos a nossa insuficiência e a nossa dependência. Talvez, quando evitamos esses momentos, essa nossa fuga de Deus seja, na verdade, uma fuga de nós mesmos. Deus nos conhece melhor do que nós mesmos, pois foi ele quem nos fez. O vício em entretenimento pode refletir essa espécie de fuga, algo que nos torna cada vez mais vazios e nos tira a boa virtude de nos concentrarmos no que realmente importa.

Em um mundo hiperconectado e barulhento, precisamos recuperar a capacidade de silenciar para poder ouvir a voz de Deus.

Deus não nos prometeu o mundo cor-de-rosa da *Barbie*; pelo contrário, Jesus nos disse que passaremos todos por tribulações e dores (Jo 16.33). Mas também nos disse para termos esperança, pois ele venceu o mundo. Certamente, conectados na internet, sabemos de forma mais rápida das tragédias que acontecem ao redor do mundo. Somos bombardeados por uma avalanche de informações, tragédias e dores, o tempo todo. A cada atualização de nossas redes sociais tomamos conhecimento de mais conflitos e dores. E isso gera ansiedade e desesperança.

Os pesquisadores apontam a ansiedade como o mal do nosso século, com a agravante de que o Brasil tem a população mais ansiosa do mundo.[10] Segundo a Organização Mundial da Saúde (OMS), há uma crescente nas estimativas de ansiedade, depressão e suicídio no

[10]Lucas Rocha, "Mais de 26% dos brasileiros têm diagnóstico de ansiedade, diz estudo", CNN, 29 de junho de 2023, <https://www.cnnbrasil.com.br/saude/mais-de-26-dos-brasileiros-tem-diagnostico-de-ansiedade-diz-estudo/>.

mundo.[11] Se considerarmos que o Brasil é um dos países cuja população mais passa tempo on-line,[12] precisamos fazer uma correlação que muitos dos pesquisadores tem nos apontado: o uso excessivo da internet pode gerar ampla ansiedade e até depressão.[13]

Estar exposto, o tempo todo, à vida de outras pessoas, sem o devido discernimento, nos faz viver envolvidos em comparações inúteis que também geram ansiedade. Byung-Chul Han disse: "A sociedade do desempenho produz depressivos e fracassados".[14] Há uma guerra do sujeito contra si mesmo, e o custo alto pelo desempenho, para estar sempre melhorando, cria uma pressão e um esgotamento muitas vezes descomunais.

Esse não é um assunto simples, nem fácil de ser resolvido. É preciso que haja políticas públicas com relação ao transtorno de ansiedade no Brasil, já que essa enfermidade atinge 9,3% da população. E parte dessas políticas

[11] OPAS, "OMS destaca necessidade urgente de transformar saúde mental e atenção", 17 de junho de 2022, <https://www.paho.org/pt/noticias/17-6-2022-oms-destaca-necessidade-urgente-transformar-saude-mental-e-atencao>.

[12] Juliana Steil, "Brasil lidera entre países onde pessoas mais gastam tempo na internet; veja ranking", *Valor Econômico*, 22 de agosto de 2023, <https://valor.globo.com/brasil/noticia/2023/08/22/brasil-lidera-entre-paises-onde-pessoas-mais-gastam-tempo-na-internet-diz-pesquisa.ghtml>.

[13] C. P. Della Méa, E. M. Biffe e V. R. Thomé Ferreira, "Padrão de uso de internet por adolescentes e sua relação com sintomas depressivos e de ansiedade", *Psicologia Revista*, 25(2), p. 243-264.

[14] Han, *Sociedade do cansaço*, p. 25.

precisa abordar o problema da hiperconexão. Em contrapartida, em relação à nossa reponsabilidade individual, é preciso que avaliemos o quanto a nossa hiperconexão tem nos deformado e o quanto a sociedade de confissão exige de nós muito além do que podemos suportar. Ela exige que não filtremos as informações que recebemos ou que transmitimos, e nos exige também uma onipresença digital que não somos capazes de oferecer como seres humanos.

Essa vida acelerada cobra muito de nós. Nossa alma precisa de descanso, e Jesus nos oferece esse descanso pleno. Se a nossa vida corrida está nos enlouquecendo, se ela está nos deixando cansados e sobrecarregados, Jesus diz que tem o descanso e o renovo de que precisamos, e é nesse descanso que encontraremos possibilidades de paz plena, a paz que excede todo entendimento (Fp 4.7), mesmo em meio às guerras.

Jesus nos convida a irmos até ele. Ele nos convida a não vivermos cronicamente ansiosos por coisas que não podemos controlar, mas a deixarmos aos pés dele nossas preocupações, pois só assim seremos curados. Precisamos olhar mais para as aves dos céus (Mt 6.25-27) e para os lírios do campo (Mt 6.28-33), para que nos dias maus (Mt 6.34) — que virão — estejamos com o coração fortalecido no Senhor. A vida agitada, corrida e imparável, especialmente nas grandes cidades, nos esmaga e nos rouba a sensibilidade. Estamos mais preocupados com a próxima tarefa a realizar do que em estar de fato presente no lugar e na atividade que estamos fazendo. Some a isso o celular sempre presente em nossas mãos, fazendo com que fiquemos sempre entretidos e sem tempo para nos concentrar plenamente, o que só aumenta o estresse e o desassossego.

Eu já tive (e tenho) muitos conflitos internos com relação às injustiças diárias. Já quis que Deus me levasse para si várias vezes. Ler Jó é sempre um refrigério, pois me ensina que lamentar, sofrer, chorar, me abater e até desejar a morte é algo próprio da vida. E que nisso não há pecado. Ser cristão não é ser alguém que se esquiva da realidade, que nega seus sentimentos. Ao contrário, ser cristão é colocar nossas angústias e aflições aos pés dele, o Único que pode de fato nos ajudar e nos consolar. Ser cristão é ter nossas emoções ordenadas por Deus. Por vezes, por causa de profunda agonia, seja por experiências pessoais ou por observar como caminha o mundo, chegaremos diante de Deus e diremos, como Jó: "Quem dera ele [Deus] me esmagasse, estendesse a mão e acabasse comigo" (Jó 6.9). O cristão também sofre as consequências do mundo caído e às vezes deseja ser levado de volta ao seu Criador.

Esse desabafo sincero, porém, não é um incentivo para cultivar pensamentos suicidas. É um reconhecimento de que, por vezes, podemos nos sentir assim — e podemos enfrentar transtornos de ansiedade — e que isso é natural, dadas as circunstâncias. O ponto é: o que vamos fazer com nossa depressão e nossos pensamentos de morte? O que vamos fazer com os desafios que a hiperconexão nos impõe e a ansiedade que isso gera?

Temos, pelo menos, duas escolhas: ou submetemos nossos desafios ao Senhor e recebemos cura dele, ou seguimos cronicamente on-line, hiperconectados, recebendo curtidas que nos darão um falso senso de suficiência e paz. Isso apenas retroalimentará nosso ego e nos levará a criar máscaras que nos farão adoecer cada vez mais.

O teólogo James K. A. Smith, em seu livro *Na estrada com Agostinho*, aplica a nós, do século 21, princípios expostos por Agostinho de Hipona nos séculos 4 e 5. Smith disse: "Para ele (Agostinho), o evangelho cristão não era simplesmente a resposta para uma pergunta intelectual (embora fosse isso); era mais como um abrigo em uma tempestade, um porto para uma alma instável num mar revolto, alimento para um pródigo com fome, cujo próprio coração havia se tornado, como ele mesmo disse, 'uma terra faminta'".[15]

Quando aprendermos a ter um cristianismo prático assim, conseguiremos ver a beleza do evangelho de forma mais vívida. Deus não será um ente distante que não se importa com o nosso dia a dia; ao contrário, a presença dele nos será tão vívida que ele se tornará um melhor amigo e uma fonte de grande refrigério para nossas almas tão cansadas.

[15]James K. A. Smith, *Na estrada com Agostinho: Uma espiritualidade do mundo real para corações inquietos* (Rio de Janeiro: Thomas Nelson Brasil, 2020), p. 12.

03

Deus não nos prometeu um mundo instagramável

Não procurem apenas os próprios interesses, mas preocupem-se também com os interesses alheios. Tenham a mesma atitude demonstrada por Cristo Jesus. Embora sendo Deus, não considerou que ser igual a Deus fosse algo a que devesse se apegar. Em vez disso, esvaziou a si mesmo; assumiu a posição de escravo e nasceu como ser humano.

Filipenses 2.4-7

Assim como viver de conflito em conflito é algo imprudente e nada sábio, viver como se o mundo fosse um mar de rosas também é agir de modo irresponsável. O Instagram, que em sua origem era uma mídia social para postagem de fotografias, enfatiza primordialmente a beleza do viver. Contudo, vivemos entre a beleza e o horror, e embora seja importante alimentar a alma com as belezas da criação, também é necessário que nossas ações sempre busquem um equilíbrio. Olhar apenas para a beleza o tempo inteiro, sem entender os horrores do viver, nos fará inocentes demais para com o funcionamento do mundo, e pode ainda nos tornar insensíveis à dor e às dificuldades do outro.

Quando nos afastamos da realidade e passamos a viver em um mundo instagramável, somos contaminados pela superficialidade das aparências, da imagem que queremos projetar. E nos esquecemos de que a conexão que fomos criados para viver é a conexão com os outros seres humanos, e não essa conexão virtual, egoísta, autocentrada, afastada da realidade e daquilo que o Criador projetou para a humanidade.

O apóstolo Paulo nos orienta sobre como devemos agir para escaparmos dessa armadilha e sermos menos egoístas, soberbos e autocentrados: devemos observar a vida de Cristo Jesus, nosso Senhor. Paulo não nos impõe obrigações pesadas e impossíveis de cumprir. Ele nos ensina que, em Cristo, com a graça que ele nos concede, conseguiremos viver de modo a agradar a Deus e servir abnegadamente a nossos irmãos. E como isso acontecerá? Quando tivermos em vista não somente o que é nosso, mas também o que é dos outros. Paulo não nos proíbe de olharmos para nós mesmos ou de nos cuidarmos e amarmos. O que Paulo proíbe é a autossuficiência tóxica, o individualismo exagerado, doentio e ególatra.

A autossuficiência tóxica nos faz idolatrar a nós mesmos e nossos interesses. Vivemos e postamos apenas aquilo que concerne a nós e aos nossos, enquanto ignoramos as necessidades dos outros. O individualismo exagerado ocorre quando nos vemos como autossuficientes, como se não precisássemos dos demais. Eu me torno o centro do universo e todos devem me servir, como se fossem eternos devedores meus. A egolatria consiste em colocar as necessidades de nosso ego como primeiras e últimas em nossa vida.

Paulo nos diz que Jesus procurou o contrário daquilo pelo qual nós, como seres humanos, mais ansiamos. Enquanto buscamos reconhecimento, status e engrandecimento da nossa imagem, Jesus buscou a humildade, o esvaziamento de si mesmo, e colocou-se na posição de servo. A exortação de Paulo é para que busquemos ser menos como nós mesmos e mais como Jesus. Tim Keller fala disso em seu livro *Ego transformado*: "a essência da humildade resultante do evangelho não é pensar em mim mesmo como se eu fosse mais nem pensar em mim mesmo como se eu fosse menos; é pensar menos em mim mesmo. A humildade do evangelho mata a necessidade que eu tenho de pensar em mim mesmo. Não preciso mais ligar as coisas à minha pessoa".[1]

O Instagram tem seu próprio canto de sereia, que nos encanta e nos leva a buscarmos ser mais como nós mesmos (em vez de sermos como Cristo), para que nosso ego seja entronizado. É uma ferramenta desenhada para que o ego seja exaltado e se sinta bem consigo mesmo. Todos sempre estão sorrindo, com a pele bonita, viajando para lugares paradisíacos. A exposição constante a essa vida de Instagram faz com que sintamos inveja do outro, por ele estar vivendo uma boa vida. Nosso conceito de boa vida está extremamente ligado ao consumismo: quanto mais consumirmos, melhor será a vida que teremos. E isso se aprofunda a ponto de estarmos dispostos a "consumir" uns aos outros e a transformar os outros em uma ferramenta para que possamos alcançar a vida boa.

Na sociedade do espetáculo, criamos uma máscara digital de felicidade plena e usamos uns aos outros nesse jogo de aparências. Em vez de esvaziar a nós mesmos, assim como Jesus fez, inflamos o ego. Em vez de servir uns aos outros, humilhamos uns aos outros e ficamos à espera do menor tropeço do nosso próximo, para que possamos lacrar e lucrar em cima dele.

[1]Timothy Keller, *Ego transformado: A humildade que brota do evangelho e traz a verdadeira alegria* (São Paulo: Vida Nova, 2014), p. 34.

Adultos minimamente funcionais sabem que a autoimagem não é tudo o que importa. As crianças agem movidas por seus interesses, priorizam o que querem e colocam a si mesmas — sem sequer disfarçar, com toda franqueza e sinceridade — em primeiro, segundo e terceiro lugares, até serem educadas pelos pais e pelas regras sociais, ensinadas que devem respeitar também o que é do outro, e não somente o que é delas próprias. Quanto mais buscarmos somente nossos interesses e ignorarmos os interesses dos outros, mais infantilizados nos tornaremos e menos seremos adultos funcionais.

Crescer significa entender a vida em sociedade e se importar com o outro e com o bem comum. A partir do momento que a autoimagem e o "eu" se tornam o centro, isso significa que, de alguma forma, nós estamos nos infantilizando. Será que a sociedade não percebe que esse individualismo egoísta em que nos metemos e que estamos naturalizando nada mais é do que uma infantilização socialmente legitimada e geradora de fragmentação social?

Se estamos mais interessados em tornar nossas vidas "instagramáveis", com um foco mais voltado para a imagem do que para a qualidade do caráter, então certamente nos perdemos e estamos agindo de forma infantilizada. Nossa sociedade tem se infantilizado e se sufocado tanto com o excesso de egos, que estamos nos importando mais com a representação simbólica das nossas relações do que com a qualidade e o progresso da nossa civilização.

Se buscarmos um mundo instagramável, estaremos intencionalmente ignorando as necessidades do outro e, dessa forma, nos "consumiremos" uns aos outros para atingir objetivos egoístas. Precisamos perceber o mundo como ele é, em sua total realidade, e não em sua realidade virtual. Só assim poderemos ser sábios em nosso modo de viver, cuidando de nós mesmos, mas também cuidando dos outros, olhando nos olhos da beleza, mas também para os horrores da vida. O mundo não é instagramável e não podemos agir como se fosse.

A DOR DO OUTRO NÃO É UMA ABSTRAÇÃO TEÓRICA OU TEOLÓGICA

Jesus se importava com a dor do outro. Em João 9.1-4, lemos:

> Enquanto caminhava, Jesus viu um homem cego de nascença. Seus discípulos perguntaram: "Rabi, por que este homem nasceu cego? Foi por causa de seus próprios pecados ou dos pecados de seus pais?".
>
> Jesus respondeu: "Nem uma coisa nem outra. Isso aconteceu para que o poder de Deus se manifestasse nele. Devemos cumprir logo as tarefas que nos foram dadas por aquele que me enviou. A noite se aproxima, quando ninguém pode trabalhar".

Na presente era, porém, a dor do outro para nós muitas vezes não passa de mera abstração. Em meio às tragédias que ocorrem, podemos acabar assumindo uma postura corrosiva, ácida, de apenas analisar e julgar as circunstâncias a partir de nossa perspectiva, de nos colocarmos como ponto de partida para ver o outro, quando deveríamos fazer o contrário — ou seja, deveríamos colocar o outro também como ponto de partida, para vermos a ele e a nós mesmos. Ainda que as circunstâncias ao nosso redor nos permitam apenas "chorar com os que choram", muitas vezes nem isso nós fazemos, pois nos tornamos cínicos e, em geral, estamos mais interessados em vencer discussões e impor a nossa perspectiva do que em ser fiel a Deus, agindo de modo compassivo, em espírito de oração.

O espírito de polarização tem nos dominado a tal ponto, que costumamos primeiro analisar as coisas segundo a nossa visão, e não segundo o que a Palavra de Deus nos ensina a fazer. O individualismo também tem corroído nossas almas. O espírito da época frequentemente nos leva a analisar o que os nossos "inimigos" falaram com a única motivação de contraditá-los, a fim de sermos seus acusadores e opositores.

Nessa visão dualista e reducionista de dois polos opostos, acabamos por nos esquecer de que Deus ama aqueles a quem odiamos e quer salvá-los também. Quando agimos assim, isso revela que não queremos ser fiéis a Deus, apenas queremos ganhar. Queremos, como a serpente nos prometeu, ser conhecedores do bem e do mal e formular para nós, em nosso coração e em nossas ações, uma cruzada santa.

Meu pastor fez uma pregação, tempos atrás, que muito me impactou. Expondo o texto de João 9, ele falou da hipocrisia dos discípulos de Jesus, ao iniciarem um debate teológico frente à dor real do cego que necessitava de um milagre. Os discípulos perguntaram ao Mestre: "Rabi, por que este homem nasceu cego? Foi por causa de seus próprios pecados ou dos pecados de seus pais?". Diante dessa pergunta dos discípulos, meu pastor concluiu: "As pessoas não são nossas abstrações teológicas". Isso foi como um tapa, em amor, muito bem dado em mim.

A verdade é que muitas vezes vemos dores reais, concretas, e queremos transformá-las em abstrações, devaneios. Banalizamos a vida pesada e difícil do outro, pois não queremos lidar com a dor na consciência, que é o fato de permitirmos, em nossa sociedade, que pessoas vivam de forma tão desumana. Nós, de modo consciente ou inconsciente, permitimos o sofrimento e a desumanização de outras pessoas. Então, procuramos justificativas, procuramos criar uma explicação que livre a nossa pele de sentir a dor que o outro sente. Em vez de pedirmos ao Mestre que cure quem está sofrendo, muitas vezes preferimos criar debates teológicos em torno da questão, de modo que nos livrem da responsabilidade diante daquela dor, da sensibilidade por aquele que está sofrendo.

Alguém também já disse que a dor do outro é um solo inviolável, sagrado. Essa sabedoria popular é verdadeira. De fato, precisamos reconhecer e respeitar a dor do outro, pois as pessoas não são abstrações teológicas, e também não são abstrações sociológicas. Ao procurar teologizar ou interpretar somente de um ponto de vista intelectual e sociológico as vivências complexas da humanidade, acabamos reduzindo a vivência e a experiência das pessoas. E reduzir ou minimizar a dor alheia é uma falta grave. É uma insensibilidade terrível. É um egoísmo inominável.

Muitas vezes, nós agimos como os discípulos e, em situações de sofrimento, queremos mais saber "quem pecou?" do que acolher um semelhante em sua dor. Enquanto agir de modo cínico, ter "razão" ou fazer o papel de Deus — como um julgador de todas as coisas e de todas as pessoas — for mais importante do que oferecer um ombro, ter misericórdia, lamentar, chorar e ajudar, estaremos perdidos, pois não estaremos agindo como Jesus.

Viver como se o mundo todo fosse instagramável é, de alguma forma, fechar os olhos para a dor de nossos semelhantes. É tratar a eles e a suas demandas como meras abstrações, cuja dor não precisamos levar a sério e não nos comove. Se estamos mais dispostos a continuar em nossa zona de conforto, a fim de evitar trabalho, problemas e conflitos, preservando assim o nosso castelo, o nosso fantástico mundinho cor-de-rosa, deixaremos de aproveitar as oportunidades de trazer a cura do Senhor Jesus a um mundo tão frustrado e doente, e falharemos em nossa missão de ser sal e luz do mundo.

Muitas vezes evitamos conflitos, não porque somos pacíficos, mas porque somos covardes mesmo. Dane Ortlund, em *Manso e humilde*, escreve que devemos dar as ênfases que a Bíblia dá as coisas, e não devemos nos esquivar disso. Em tom pastoral, ele escreve:

> A nossa tendência é sentir intuitivamente que, quanto mais difícil fica a vida, mais sozinhos estamos. Ao afundarmos cada vez mais na dor, afundamos em cada vez mais isolamento. A Bíblia nos corrige. A nossa dor nunca prevalece sobre aquele que dela compartilha. Nunca estamos sozinhos. Aquela angústia que parece tão solitária, tão nossa, foi vivida por ele no passado, e no presente ele a leva nos ombros.[2]

Aqui Ortlund aplica a nós o fato de que Jesus, em todo o tempo, preocupa-se conosco e carrega nossas dores. Bom, se Deus assim faz, deveríamos fazer o mesmo com o nosso próximo. Em vez de nos isolarmos de nossos irmãos, de fingirmos que não há dor presente no outro, deveríamos nos importar verdadeiramente com as dores do mundo e com as dores do outro, assim como Deus se preocupa com as nossas.

A dor do outro não é mera abstração teórica ou teológica. Afinal, foi o próprio Jesus quem nos ensinou que "o sábado foi feito por causa do homem, e não o homem por causa do sábado" (Mc 2.27). A teoria e a teologia devem nos levar a um amor concreto, e não a meras elocubrações mentais.

[2]Dane C. Ortlund, *Manso e humilde: O coração de Cristo para quem peca e para quem sofre* (Rio de Janeiro: Thomas Nelson Brasil: São Paulo, 2021), p. 48.

REFÉNS DOS ALGORITMOS E DOS SEGUIDORES

As palavras de Paulo em Gálatas 1.10-12 não poderiam ser mais apropriadas para certa dinâmica que observamos hoje nas redes sociais, da qual falaremos a seguir: "Acaso busco eu agora a aprovação dos homens ou a de Deus? Ou procuro agradar a homens? Se eu ainda procurasse agradar a homens, não seria servo de Cristo. Irmãos, quero que saibam que o evangelho por mim anunciado não é segundo o homem. Não o recebi de homem algum nem me foi ele ensinado, mas o recebi por revelação de Jesus Cristo" (NVI).

Parece-me que, nos dias de hoje, na internet, as pessoas seguem umas às outras apenas para ver os próprios pensamentos sendo expostos por outras pessoas. Dessa maneira, quando o sujeito se desagrada de alguma opinião sua, ele manda uma mensagem avisando que vai deixar de seguir você, como forma de punição.[3] O prêmio são as curtidas, o aumento dos seguidores, o alcance do post; a punição é perder seguidores e ganhar *haters*.

Os criadores de conteúdo, no entanto, frequentemente acabam cedendo à pressão dos seguidores e se tornando reféns de algoritmos e dos seguidores, e, assim, seguindo a última *trend*, sempre se adaptando e se readaptando às

[3] Sou um pouco rígida com isso; mandar mensagem dizendo que deixará de me seguir me irrita! Nesse sentido, acho que estou no meu direito. Penso que as pessoas não me mandam mensagem para avisar que estão me seguindo, logo, não há lógica alguma me mandarem mensagem ao deixar de me seguir. Não faz sentido.

exigências das mídias digitais. Dessa forma, perdem a própria identidade. Isso se agrava ainda mais no caso de criadores de conteúdo cristãos, pois, como a teóloga Trillia J. Newbell disse: "Importar-se demais com o que as outras pessoas pensam pode ser prejudicial à sua fé e causar grande desespero".[4] Essa postura se torna prejudicial, pois o temor aos homens se torna mais central do que o temor a Deus.

Paulo, defendendo seu ministério, deixa claro aos gálatas que seu foco ministerial era simplesmente agradar a Cristo e que, por causa disso, não estava procurando agradar aos homens. Comentando sobre essa passagem, John Stott disse: "Parece que os críticos de Paulo o acusaram de ser alguém que, para agradar o público, adapta a mensagem. Mas uma vez que Paulo é, em primeiro lugar, um servo de Jesus Cristo, sua ambição é agradar a Cristo, não às pessoas".[5] Precisamos ter essa atitude assertiva do apóstolo Paulo no mundo real e também no digital. Se a nossa mensagem tornar-se líquida e adaptável às exigências dos seguidores ou das ferramentas que usamos, e se com isso negociarmos valores do reino, a consequência é que erraremos o alvo.

A legitimidade da minha opinião não depende da aprovação dos meus seguidores; ela depende apenas da aprovação de Deus. Se está de acordo com a Palavra

[4]Trillia J. Newbell, *Medos do coração: Encontrando a paz que você anseia* (São José dos Campos: Fiel, 2016), p. 26.
[5]John Stott, Dale Larsen e Sandy Larsen, *Lendo Gálatas com John Stott* (Viçosa, MG: Ultimato, 2018), p. 21-22.

de Deus, ainda que desagrade ao público, devo permanecer firme, pois importa mais agradar a Deus do que aos homens. Não digo que seja uma decisão fácil de tomar, mas ela precisa ser tomada. Precisamos agir de forma responsável e consciente, em todas as instâncias da vida, e isso inclui as nossas ações nas mídias digitais. Especialmente em uma mídia como o Instagram, na qual se procura o tempo todo preservar uma imagem amável e agradável.

Essa busca por aprovação, a fim de ganhar mais fama e influência, faz com que as identidades digitais dos criadores de conteúdo sejam todas iguais, sem diferenciação alguma. O algoritmo e os ditames dos seguidores têm esse poder de reprimir a *imago Dei* das pessoas. Permita-me explicar. Basta olharmos os conteúdos de alguns criadores e notaremos um mesmo padrão, as mesmas *trends*, as mesmas músicas, as mesmas danças etc. A necessidade de curtidas e compartilhamentos é tamanha que mata a criatividade pessoal como ponto de partida para se comunicar com as pessoas que os acompanham nas redes. Para alcançar a fama, esses criadores de conteúdo digital acabam se rendendo a uma identidade digital padronizada.

Os cristãos, muitas vezes, acabam se deixando seduzir por esse canto de sereia. Com isso, deixam de desenvolver os dons e talentos que Deus lhes deu, a criatividade que Deus deu a cada pessoa criada à imagem e semelhança dele, e rendem-se ao pragmatismo do sistema de aumento do número de seguidores e de curtidas nas mídias sociais.

OS DESAFIOS DA COMPARAÇÃO E DA INSATISFAÇÃO NA CULTURA INSTAGRAMÁVEL

A passagem de Romanos 12.4-8 traz um antídoto infalível para o problema da comparação, que gera em nós uma insatisfação:

> Da mesma forma que nosso corpo tem vários membros e cada membro, uma função específica, assim é também com o corpo de Cristo. Somos membros diferentes do mesmo corpo, e todos pertencemos uns aos outros. Deus, em sua graça, nos concedeu diferentes dons. Portanto, se você tiver a capacidade de profetizar, faça-o de acordo com a proporção de fé que recebeu. Se tiver o dom de servir, sirva com dedicação. Se for mestre, ensine bem. Se seu dom consistir em encorajar pessoas, encoraje-as. Se for o dom de contribuir, dê com generosidade. Se for o de exercer liderança, lidere de forma responsável. E, se for o de demonstrar misericórdia, pratique-o com alegria.

Na sociedade do espetáculo, testemunhamos uma guerra de espetáculos, pois uma vida cronicamente on-line é movida pela concupiscência dos olhos. Tudo o que vemos leva a uma comparação, e daí vêm a luxúria e a lascívia. Nessa cultura de competição pela atenção e de consumo exagerado, o outro se torna objeto de nossa inveja, o que gera uma insatisfação crônica em nós e um descontentamento com o que Deus nos dá. A consequência é que olhamos para a nossa própria história com dissabor, e não com gratidão a Deus.

A Bíblia, no entanto, nos ensina o segredo do contentamento pleno: não pensar de nós mesmos além do que convém, mas viver de forma equilibrada, segundo a medida de fé que Deus nos deu, desenvolvendo nossos dons para o bem da igreja e para a glória de Deus (Rm 12.3). Paulo, ao discorrer sobre os dons que Deus dá a cada membro do corpo de Cristo, fala sobre o propósito de cada um. E este é o antídoto para combatermos a comparação e a insatisfação em meio a essa cultura instagramável e encontrarmos contentamento pleno: devemos buscar o desenvolvimento dos dons e talentos que Deus nos deu, e devemos olhar para o outro e para tudo que Deus lhe concedeu (seu ministério, conquistas etc.) como fruto do desenvolvimento dos dons deles para a glória de Deus e para o bem da igreja.

Não há espaço para a competição egoísta no reino de Deus. Nele há espaço para todos, pois o próprio Deus deu dons e possibilidades a cada um de nós. Na verdade, devemos nos alegrar pelo bem que o Senhor conceder aos nossos irmãos, e devemos encorajar uns aos outros ao desenvolvimento pleno dos nossos dons e talentos. Calvino, comentando sobre essa passagem de Romanos 12, disse:

> Ninguém deve aventurar-se a possuir tudo de uma só vez, mas deve contentar-se com sua porção, e conscientemente refrear-se de usurpar as funções de outrem. Contudo, quando Paulo realça expressamente a comunhão existente entre nós, ao mesmo tempo também indica

> quão prudentes e solícitos devemos ser na apropriação daquelas faculdades possuídas por certos indivíduos, para o bem comum do corpo.[6]

Nós amamos uns aos outros quando usamos nossos dons para servir uns aos outros, dentro da esfera de influência que Deus nos deu, e quando não cobiçamos o dom e a influência dos outros. O perigo de cobiçar dons e talentos alheios é que isso nos faz viver um personagem, nos perder de Deus e de nós mesmos. Acabamos vivendo de espetacularização em espetacularização. Se não consideramos plenamente as pessoas como nossos irmãos e parceiros no reino de Deus, como corpo de Cristo, acabaremos criando rivalidades frívolas.

O antagonismo e a hostilidade que fazem com que nos odiemos uns aos outros é algo gerado pela cultura do *self*, pela cultura do Instagram. Isso nos leva muitas vezes a sermos superficiais e gananciosos. Acabamos buscando a destruição do outro, e não o bem do nosso próximo. É urgente que paremos para fazer uma autoanálise. Afinal, estamos agindo de acordo com a ética relacional que o Senhor nos ensinou? Ou estamos priorizando o que é nosso, em detrimento do outro, e "consumindo" o outro para nosso próprio crescimento?

[6]João Calvino, *Romanos*, Série Comentários Bíblicos (São José dos Campos, SP: Fiel, 2013), p. 494.

04

A autoimagem não é tudo o que importa

Depois, disseram: "Venham, vamos construir uma cidade com uma torre que chegue até o céu. Assim, ficaremos famosos e não seremos espalhados pelo mundo".

Gênesis 11.4

Somos movidos a performance. Estamos sempre diante dos outros e queremos ser conhecidos. Contudo, a sociedade tem suas próprias regras sociais, e se mostrarmos quem de fato somos, com nossas fragilidades e nossos problemas, pode ser que venhamos a ter problemas na vida social ou até a sofrer preconceitos. Isso faz com que abandonemos a tentativa de mostrar quem somos e passemos a adotar outro critério para nos destacar e nos tornar conhecidos: o desempenho. E muitas vezes acabamos ficando escravos de nosso desempenho. O nosso propósito e fim último, conscientemente ou não, é fazer nosso nome célebre, grande.

Uma pesquisa, realizada pela empresa de publicidade INFLR, afirma que 75% dos jovens brasileiros querem ser influenciadores.[1] O velho sonho de ser rico e famoso prevalece ao longo dos tempos, ainda que com roupagens diferentes. Muitos pensam que depender da própria imagem, viver on-line, ser refém de algoritmos e de seguidores, tudo isso vale a pena se trouxer visibilidade e fama. Se o custo disso for prejudicar a saúde mental ou tornar tudo de sua vida diária público nas

[1] Ronaldo Lemos, "'Influenciador' virou profissão das mais desejadas", *Folha de S. Paulo*, 28 de maio de 2023, <https://www1.folha.uol.com.br/colunas/ronaldolemos/2023/05/influenciador-virou-profissao-das-mais-desejadas.shtml>.

redes sociais, será um preço alto, mas que muitos estão dispostos a pagar. E efetivamente pagam.

A jornalista Katelyn Beaty, em seu livro *Fama, dinheiro e influência*, escreve que "a fama se manifesta em seu melhor aspecto quando é dada àqueles que não a procuram".[2] Beaty diz que não se deve demonizar a fama, pois ela vem de um desejo humano legítimo de criar e inspirar gerações futuras; além do mais, na história humana sempre existiram pessoas famosas. No entanto, ela diz que a busca de ser uma celebridade é, sim, um problema.

> A celebridade se alimenta da mídia. A celebridade é um fenômeno singularmente moderno, que surgiu durante os séculos 19 e 20, primeiro nos jornais e, depois, em revistas, rádio, filmes, televisão, internet e redes sociais. Juntos, esses meios de comunicação nos põem em contato com um "número muito maior de nomes, rostos e vozes do que em qualquer período anterior ou qualquer outro país". Sentimo-nos ligados aos nomes, rostos e vozes em nossas telas, embora essa ligação seja, em última análise, com uma projeção do eu, e não com o eu verdadeiro. A mídia nos dá a ilusão de intimidade com as pessoas famosas que seguimos e admiramos.[3]

Beaty lembra que essa tentação de ser famoso é mais atraente para as gerações mais jovens, pois o fenômeno de ser uma celebridade da internet de fato abre muitas portas,

[2] Katelyn Beaty, *Fama, dinheiro e influência: Como a cultura de celebridade enfraquece a igreja* (São Paulo: Mundo Cristão, 2024), p. 17.
[3] Ibid., p. 21.

e há uma promessa de boa vida. Tanto a busca da fama (de ser objeto dos comentários e do desejo das pessoas) quanto a promessa financeira atraem muitas pessoas e geram, de certa forma, um culto à personalidade e à celebridade.

Fica evidente que continuamos, de forma refletida ou não, tentando construir a nossa própria torre de Babel. Basta olharmos a cultura ao redor, as músicas, os textos, as falas. Todos esses produtos culturais estão cobertos de ideias que dizem que "nos bastamos a nós mesmos", que devemos buscar "nosso sucesso", que devemos usar as outras pessoas para poder crescer. Tudo se reduz a métricas, e com isso não vemos mais as pessoas como pessoas, mas sim como mercadorias e objetos que usamos para alcançar algo que consideramos o bem supremo da vida. O utilitarismo passa a ser a nossa religião.

Esse contexto alimenta uma cultura de desejos insaciáveis. Sempre há mais um degrau a subir, mais uma meta a alcançar; vivemos insatisfeitos. Há uma urgência nessa busca por mais, sempre mais; não há descanso, apenas novas necessidades e desejos. No fim das contas, as pessoas perseguem uma vida de felicidade plena. E nossa sociedade nos diz que encontramos a felicidade procurando-a em nós mesmos.

Contudo, só quem tiver um olhar atento e sincero para o próprio coração verá a podridão da humanidade, o que lhe gerará mais frustrações — e não felicidade —, quando encarar a si mesmo. E essa frustração pode provocar duas reações. Primeira, pode nos fazer parar para repensar nosso estilo de vida. Segunda, pode nos fazer evitar a nós mesmos, criar caricaturas nossas e viver de performance, para podermos fazer nosso nome célebre.

Ao comentar Gênesis 11.1-9, os teólogos Bruce K. Waltke e Cathi J. Fredericks descrevem esse processo de rebelião que se desenrola a partir da segunda reação:

> Não obstante, a humanidade, em sua arrogância, combate contra as fronteiras que Deus estabeleceu. Em cada história, a rebelião se agiganta simbolizada pela desintegração da ética e a escalada da violência. Num esforço ilícito pela autonomia, Adão e Eva decidiram por si mesmos o que seria certo. Essa autodeterminação sem precedente dá início ao declínio, em forma de espiral, de seus descendentes que se assegurarão de seu próprio direito de escolher, mesmo às custas de assassinar seus irmãos. Eventualmente, cada imaginação será má, e a humanidade determinará atingir os céus, e a torre contra o mandamento divino encherá a terra.
>
> Seu mal atrai o justo juízo de Deus contra si. Sua alienação de Deus os leva à alienação recíproca até que eventualmente sejam dispersos em nações separadas com idiomas divididos. Irmão contra irmão se converte em nação contra nação, uma turbulência que ainda persiste.[4]

A humanidade quer encontrar o seu eu à parte de Deus. É por esse motivo que se cria todo o caos em que

[4]Bruce K. Waltke e Cathi J. Fredericks, *Gênesis*, Comentários do Antigo Testamento (São Paulo: Cultura Cristã, 2010), p. 231.

vivemos, pois, sem Deus, não conseguimos gerar nada de bom, apenas pecado, caos e guerras. Mediante esse culto ao ego, essa idolatria de si mesmo, acabamos por idealizar nossa própria subjetividade e passamos a nos considerar sujeitos soberanos, autônomos, que nada nem ninguém pode contestar. Tudo deve ser feito como queremos, mas tem algo que não queremos: ser responsáveis por nossas atitudes. Para usar a expressão de C. S. Lewis, colocamos "Deus no banco dos réus", pois, agora, nós é que somos soberanos e ele é o nosso gênio da lâmpada, obrigado a fazer tudo o que queremos, na hora que queremos.

Carlos Osvaldo Pinto, doutor em Teologia com ênfase em Antigo Testamento, disse o seguinte sobre essa passagem bíblica da torre de Babel: "A tentativa unificada da humanidade de resistir à ordem de Deus de se espalhar por toda a terra, por meio da construção de uma cidade para celebrar sua própria glória, é subvertida por Deus por meio da confusão da linguagem".[5] A torre que queremos construir é a nossa própria vida, para a nossa própria prosperidade e glória.

Construímos a torre da nossa vida quando preferimos fazer nossas atividades para a nossa própria glória, em vez de fazê-las para a glória de Deus. Construímos a torre da nossa vida quando lutamos contra a diversidade da criação de Deus, querendo que todos sejam à

[5]Carlos Osvaldo Cardoso Pinto, *Foco & desenvolvimento no Antigo Testamento*, 2ª edição revisada e atualizada (São Paulo: Hagnos, 2014), p. 38.

nossa própria imagem e semelhança, e não à imagem e semelhança de Deus. Construímos a torre da nossa vida quando resistimos aos ordenamentos do Senhor e criamos para nós mesmos as nossas próprias regras para viver. Construímos a torre da nossa vida quando vemos nossos irmãos de forma utilitária, como coisas que servem para nossos fins pessoais, e não como filhos amados do Senhor que possuem dignidade e valor intrínseco.

O HOMEM É O LOBO DO HOMEM

Em vez de nos preocuparmos em construir nossa própria torre de Babel, deveríamos nos inspirar na parábola do bom samaritano, relatada em Lucas 10.30-37:

> Jesus respondeu com uma história: "Certo homem descia de Jerusalém a Jericó, quando foi atacado por bandidos. Eles lhe tiraram as roupas, o espancaram e o deixaram quase morto à beira da estrada.
>
> "Por acaso, descia por ali um sacerdote. Quando viu o homem caído, atravessou para o outro lado da estrada. Um levita fazia o mesmo caminho e viu o homem caído, mas também atravessou e passou longe.
>
> "Então veio um samaritano e, ao ver o homem, teve compaixão dele. Foi até ele, tratou de seus ferimentos com óleo e vinho e os enfaixou. Depois, colocou o homem em seu jumento e o levou a uma hospedaria, onde cuidou dele. No dia seguinte, deu duas moedas de prata ao dono da hospedaria e disse: 'Cuide deste homem. Se

você precisar gastar a mais com ele, eu lhe pagarei a diferença quando voltar'.

"Qual desses três você diria que foi o próximo do homem atacado pelos bandidos?", perguntou Jesus.

O especialista da lei respondeu: "Aquele que teve misericórdia dele".

Então Jesus disse: "Vá e faça o mesmo".

O problema, no entanto, é um só: somos maus. A humanidade é uma grande alcateia, é um querendo engolir o outro. A célebre frase de Thomas Hobbes resume bem essa ideia: "O homem é o lobo do homem". Contudo, antes mesmo de Hobbes, a Bíblia já tinha dito que a humanidade é pecadora. Achamos que sozinhos conseguiremos discernir o bem e o mal, fazer o certo e o errado. Mas não conseguimos encontrar pontos de convergência e de conciliação justamente porque cada um quer dizer o que é certo e o que não é, porque cada um deseja ter a razão suprema sobre todas as coisas. Assim, acabamos por odiar e querer destruir aqueles que não se parecem conosco.

Moro em São Paulo. Tempos atrás, o metrô interrompeu a viagem anunciando que havia um usuário nos trilhos e que ele estava sendo retirado. Isso significa que alguém havia caído ou se suicidado. Imediatamente, fiquei bastante angustiada e triste. Entrei em estado de choque e me pus a orar pela situação, pela pessoa e pelos familiares. No entanto, ao olhar as reações ao meu redor, as pessoas só estavam chateadas pela interrupção que isso provocara. Estavam mais interessadas na continuação da viagem do que na situação do sujeito que estava nos trilhos. Onde foi parar nossa humanidade? Todos os dias há um judeu machucado e caído pelas estradas da vida, e nós não agimos como o bom samaritano. Muito pelo contrário, passamos ao largo pelo ferido, pois estamos ocupados demais. Essa é uma verdade dolorosa!

Quando a Bíblia revela nossa natureza pecaminosa não é para que nos conformemos com ela. É para que, sabendo de nossa natureza, lutemos contra ela. O apóstolo João falou sobre isso, quando escreveu: "Mas, quando continua a pecar, mostra que pertence ao diabo, pois o diabo peca desde o início. Por isso o Filho de Deus veio, para destruir as obras do diabo. Aquele que é nascido de Deus não vive no pecado, pois a vida de Deus está nele. Logo, não pode continuar a pecar, pois é nascido de Deus" (1Jo 3.8-9). A vida pecaminosa é daquele que não encontrou — ou não foi encontrado por — Deus.

Se nossas ambições vêm em primeiro lugar e estão antes de nossa humanidade, estamos errando o alvo. Deus, em Jesus Cristo, devolve a nossa humanidade, ele nos re-humaniza. Ao nos ensinar sobre coisas como humildade, simplicidade, amor e sobre cumprir os planos que Deus tem para nós, Jesus nos ensina a sermos humanos segundo a visão do reino de Deus. Se nós, cristãos, insistirmos em agir como lobos, e não como ovelhas, teremos vidas inúteis, pois além de não transformarmos a sociedade para o bem, ainda fortaleceremos o mal que já impera.

O culto à performance e ao ego é contrário à forma como Cristo nos chamou a viver. A nossa sociedade, cada dia mais individualizada, nos convida a desejar uma vida plenamente envolvida na busca da satisfação e do conforto pessoais. Contudo, nossa fé não deve se deixar afetar por esse *modus operandi* do mundo. Sim, Jesus convida seus discípulos a serem influenciadores, a influenciarem a cultura ao seu redor. Muitas vezes, porém, o que ocorre é que, em vez de influenciar, somos influenciados pela cultura secular. Nossa concepção de missão e nossa vocação perdem-se em meio à correria por conquistas pessoais infindáveis.

Martin Luther King Jr. nos ensinou sobre como nossas vidas estão lindamente inter-relacionadas:

> Em um sentido real, toda a vida está inter-relacionada. Todos os homens estão presos em uma rede inescapável de mutualidade, entrelaçados no tecido único do destino. Qualquer coisa que afete alguém diretamente afeta a todos indiretamente. Nunca poderei ser o que eu deveria ser enquanto você não for o que deveria ser, e você nunca poderá ser o que deveria ser até que eu seja o que deveria ser. Essa é estrutura inter-relacionada da realidade.[6]

Não podemos deixar de pensar no outro, pois nossas vidas estão interconectadas umas às outras. É preciso

[6]Martin Luther King Jr., *A dádiva do amor* (São Paulo: Planeta, 2020), p. 107.

haver mutualidade; precisamos ver nossas relações como algo especial, que nos foi concedido por Deus para que com elas tenhamos um cuidado diligente.

A ÉTICA RELACIONAL DO EVANGELHO

A ética relacional do evangelho é totalmente diferente da ética relacional do mundo. Conforme nos lembra Paulo em Filipenses 2.3-4: "Não sejam egoístas, nem tentem impressionar ninguém. Sejam humildes e considerem os outros mais importantes que vocês. Não procurem apenas os próprios interesses, mas preocupem-se também com os interesses alheios".

No Sermão do Monte, em Mateus 5—7, Jesus apresenta a ética do evangelho. Nosso Senhor usa uma metáfora para dizer que os cristãos são sal e luz do mundo (Mt 5.13-14). Timothy Keller, quando falou no Parlamento britânico sobre o tema "O que o cristianismo pode oferecer à sociedade no século 21?", lembrou que as propriedades do sal destinam-se a evitar que os alimentos apodreçam.[7] Dessa forma, Jesus usa essa metáfora para dizer que o mundo jaz no maligno, está apodrecendo, e nós, cristãos, como sal, devemos nos envolver na cultura para salgá-la, sendo diferentes, evitando o apodrecimento da nossa geração.

A modernidade está em crise profunda, está doente.

[7]"NPPB 2018 - Revd Dr Tim Keller - What can Christianity offer our society in the 21st century?", Christians in Parliament (YouTube), 22 de junho de 2018, <https://www.youtube.com/watch?v=AkcouxJE6o4>.

O advento das mídias sociais, como já visto antes, aprofunda e acelera muitos de nossos problemas. Nossa sociedade faz tudo movida por vanglória e partidarismo, com ego inflado e procurando destruir o outro. O hiperindividualismo da modernidade faz com que o sujeito exalte o próprio umbigo e explore o outro até o fim. Contudo, Paulo continua nos dizendo com veemência, tal qual disse aos filipenses: "Não sejam egoístas, nem tentem impressionar ninguém. Sejam humildes e considerem os outros mais importantes que vocês. Não procurem apenas os próprios interesses, mas preocupem-se também com os interesses alheios".

Ao comentar o texto de Filipenses 2, o professor William Hendriksen escreve:

> Quando a graça transforma o coração, a submissão pelo temor se transforma em submissão pelo amor, e daí nasce a verdadeira *humildade*. Para Paulo, essa virtude está associada com a ternura de coração, com a bondade, com a mansidão, com a longanimidade e com a gentileza (At 20.19; Ef 4.2; Cl 3.12). É a feliz condição que surge quando cada membro da igreja se considera inferior aos demais. Assim os membros, cheios de terna afeição, se amarão e se honrarão reciprocamente (Rm 12.10).[8]

A ética relacional do evangelho subverte a lógica humana. Enquanto achamos que para ser vencedores

[8]William Hendriksen, *Efésios e Filipenses*, Comentário do Novo Testamento (São Paulo: Cultura Cristã, 1992), p. 469.

precisamos exibir nossa força e vencer a tudo e a todos, o evangelho nos chama a nos despirmos de nós mesmos e a amarmos uns aos outros.

Em Tiago 4.1-7, o apóstolo diz que as discussões e brigas que acontecem na igreja do Senhor decorrem das paixões, ou seja, dos prazeres que guerreiam dentro de nós, por causa do pecado. Tiago orienta os cristãos a resistirem ao diabo — que é o senhor de toda sorte de divisões — e a se submeterem a Deus, andando assim em unidade e amor. Precisamos desenvolver uma boa teologia da unidade em amor, pela qual estejamos mais interessados em servir do que em sermos servidos.

Sempre ouvimos falar que "a forma como tratamos as pessoas diz muito sobre nós". Essa sabedoria popular traz em si verdade bíblica. Em Tiago 1, o apóstolo fala que: 1) fomos gerados por meio da Palavra (v. 18); 2) devemos estar prontos para ouvir a Palavra (v. 19); 3) devemos aceitar a Palavra (v. 21); e 4) devemos praticar a Palavra (v. 23).

O pastor Hernandes Dias Lopes, comentando a carta de Tiago, nos lembra: "Ouvir a Palavra e falar a Palavra não substituem o praticar a Palavra. Apenas ter uma confissão de fé ortodoxa não substitui o praticar a Palavra. Tiago mostra que a maneira como nos comportamos com as pessoas indica o que realmente nós cremos sobre Deus. Não podemos separar relacionamento humano de comunhão divina".[9]

[9] Hernandes Dias Lopes, *Tiago: Transformando provas em triunfo*, Comentários Expositivos Hagnos (São Paulo: Hagnos, 2006), p. 46.

O texto de 1João 4.20 nos ensina: "Se alguém disser: Amo a Deus, e odiar a seu irmão, é mentiroso; pois aquele que não ama a seu irmão, a quem vê, não pode amar a Deus, a quem não vê". Os dois grandes mandamentos, na verdade, caminham juntos. Não há como amar verdadeiramente a Deus se não houver amor genuíno pelas pessoas — independentemente de gênero, cor, do lugar onde nasceram ou da classe social a que pertençam. A maneira como tratamos nosso próximo revelará se, de fato, amamos a Deus e entendemos o que ele exige de nós. Fazer acepção de pessoas, tratar alguns com favoritismo e depreciar outros é pecado e não faz parte do plano original de Deus para os relacionamentos humanos. Se agimos de forma imparcial com as pessoas — amando-as e servindo-as da melhor forma, independentemente de quem sejam —, demonstraremos que de fato a nossa fé em Cristo Jesus é verdadeira.

Em uma sociedade desigual e injusta, os Evangelhos registram a imparcialidade com a qual Jesus tratou a todos, não dando preferência a ninguém. Jesus valorizou as mulheres tanto quanto os homens, as crianças tanto quanto os adultos, publicanos bem como os religiosos. A forma como Jesus tratava as pessoas deve ser a nossa forma de nos tratarmos uns aos outros. Não temos permissão bíblica para reproduzir as injustiças e acepções da nossa sociedade, mas somente para agirmos da forma como Jesus agiu.

Martin Luther King Jr. nos aponta a forma como Jesus agiu:

> Da cruz, Jesus afirmou eloquentemente uma lei superior. Ele sabia que a antiga filosofia do olho por olho deixaria todos cegos. Não procurou superar o mal com o mal. Superou o mal com o bem. Embora o crucificaram pelo ódio, respondeu com um amor combativo. Que lição magnífica! Gerações vão ascender e tombar; os homens continuarão adorando o deus da vingança e se curvando diante do altar da retaliação; mas para todo o sempre essa nobre lição do Calvário será um persistente lembrete de que só a bondade pode eliminar o mal, e de que só o amor pode vencer o ódio.[10]

Enquanto o mundo exibe cada vez mais as obras da carne, que se revelam em brigas, inimizades, dissenções, idolatrias políticas (Gl 5.19-21), a igreja deve demonstrar cada vez mais as virtudes do fruto do Espírito, a saber, o amor, a paz, a mansidão, o domínio próprio, entre outras (Gl 5.22-23). A igreja deve ser agente do amor e da reconciliação em meio a uma sociedade bélica. Um mundo violento precisa de pacificadores, e fomos chamados por Cristo justamente para essa grandiosa missão de pacificar.

A IGREJA ABNEGADA

A religião, especialmente a cristã, continua sendo necessária à esfera pública no que concerne à interpretação dos fatos sociais. O ponto ressaltado pelo cristianismo é que nós, seres humanos, somos totalmente depravados,

[10] King, *A dádiva do amor*, p. 67.

somos pecadores. Podemos ter todo desenvolvimento econômico e social do mundo, mas o nosso problema não é externo, e sim interno: é o nosso coração mau. Nossa maldade é o maior problema.

A vida comunitária e harmoniosa para a qual o Senhor nos criou está sob ataque desde a Queda. Satanás odeia a comunhão e a unidade. Neste mundo de desunião, discórdias e indiferença, precisamos ser agentes de paz, de reconciliação, de amor. Se a igreja viver de forma abnegada, conseguiremos ser luz para as nações e propor-lhes uma contracultura. Enquanto o mundo se torna cada vez mais performático, devemos buscar servir de forma abnegada e sincera uns aos outros.

Em Tiago 1.27, o apóstolo nos diz que "a religião pura e verdadeira aos olhos de Deus, o Pai, é esta: cuidar dos órfãos e das viúvas em suas dificuldades e não se deixar corromper pelo mundo" . Os órfãos e as viúvas eram os vulneráveis da época da igreja primitiva. Tiago está nos dizendo que, enquanto as pessoas do mundo vivem de performance, procurando ser glorificadas e tornar célebre o próprio nome, os crentes devem agir de forma altruísta, procurando ajudar especialmente aqueles que não têm como nos recompensar.

É importante o conceito de religião, e da religião pura, cuidando do nosso testemunho perante os não crentes. O teólogo Simon J. Kistemaker, comentando sobre Tiago, disse:

> A igreja deve enfatizar o conceito de *religião* conforme elaborado por Tiago e fazer dele um requisito obrigatório para qualquer um que deseje tornar-se membro da igreja? Certamente! A igreja deve ensinar a verdade das Escrituras registradas nesta parte da Epístola de Tiago. O princípio da religião pura e imaculada é amar a Deus e ao próximo.
>
> Até que ponto a igreja deve se envolver com programas de ação social? As principais tarefas da igreja são pregar o evangelho, ministrar os sacramentos e cuidar dos pobres. Essas tarefas precisam ser mantidas em equilíbrio para que haja o bom funcionamento da igreja.
>
> A igreja deve estender seu cuidado com os pobres além dos limites de sua própria comunidade? Sim, em nosso mundo cada vez menor, os refugiados e sem-teto, os famintos e miseráveis, os enfermos e aflitos precisam de nossa ajuda onde quer que estejam. Mostramos o amor de Jesus ao estendermos a mão para socorrê-los.[11]

Nosso próximo não é só o crente, mas sim todos os necessitados, todos que estiverem ao nosso alcance. Comentando sobre a passagem do bom samaritano, Tim Keller disse:

> O que Jesus estava querendo com essa história? Estava respondendo de forma ousada a pergunta: "O que significa amar o meu próximo? Qual a definição de amor?" Como resposta, Jesus descreveu um homem que satisfez

[11]Simon J. Kistemaker, *Tiago e Epístolas de João*, Comentário do Novo Testamento (São Paulo: Cultura Cristã, 2006), p. 93.

> as necessidades materiais, físicas e econômicas de alguém. Cuidar das necessidades materiais e financeiras dos outros não é opcional. Jesus se recusou a deixar que o doutor da lei restringisse as implicações do mandamento sobre o amor. Jesus explicou que amar significava envolver-se de maneira sacrificial com os vulneráveis, assim como o samaritano arriscou a vida quando parou na estrada.[12]

Tiago diz que, se amarmos nosso próximo, se o ajudarmos e nos compadecermos dele de forma misericordiosa, agiremos bem, de acordo com a lei. Mas, se agirmos fazendo acepção de pessoas, cometeremos pecado e isso fará com que sejamos condenados pela lei de Deus, como transgressores.

Se a dor dos outros não dói na gente, algo está dormente em nós. É preciso que tenhamos o coração voltado para o outro, e não centralizado em nós mesmos e em nossas necessidades. E sentimos a dor do outro de forma autêntica quando descentralizamos a nós mesmos e consideramos a condição do outro como mais importante.

Que possamos, assim como os Arrais, orar:

> Me esvazie de mim e deste mundo
> E que o meu nome morra com meu corpo
> E que o de Cristo permaneça em tudo
> No nome de Cristo, no nome de Cristo
> Amém[13]

[12]Timothy Keller, *Justiça generosa: A graça de Deus e a justiça social* (São Paulo: Vida Nova, 2013), p. 83.
[13]Os Arrais, "Oração", *Mais* (2013).

05

Viciados em murmurar

Façam tudo sem queixas nem discussões, de modo que ninguém possa acusá-los. Levem uma vida pura e inculpável como filhos de Deus, brilhando como luzes resplandecentes num mundo cheio de gente corrompida e perversa. Apeguem-se firmemente à mensagem da vida. Então, no dia em que Cristo voltar, me orgulharei de saber que não participei da corrida em vão e que não trabalhei inutilmente.

Filipenses 2.14-16

Lembro de um dos meus dias mais traumáticos no uso das mídias sociais. Era um domingo, dia que geralmente tiro para descansar. No sábado à noite havia feito uma *thread*[1] no Twitter, falando da minha discordância quanto ao modo de ver o mundo a partir do lema "fogo nos racistas". Ao longo de domingo, recebi uma série de respostas divergentes, mas a maioria foi em tom desrespeitoso e ameaçador. Uma delas — da qual nunca me esqueço — foi algo como: "Você discorda de 'fogo nos racistas'? Fogo na Jacira, então". Fiquei surpresa com o nível de ódio, vindo de uma pessoa que não me conhecia pessoalmente e que, tendo visto minha postagem, resolveu responder de maneira bastante agressiva. Comecei a me questionar o que faz alguém ser tão agressivo assim. E mais: o fato de estarem por trás de uma tela fazia com que as pessoas tivessem coragem de falar coisas que pessoalmente não diriam.[2]

Como jovem e nativa digital, já utilizei várias redes sociais. O saudoso Orkut, o MSN, o Tumblr, o Facebook, o Pinterest, fosse para teclar com os amigos, fosse para ver fotos bonitas. Contudo, existe uma questão que

[1] *Thread* é uma sequência de vários tuítes vinculados entre si por um tema.

[2] Nesse período, eu tinha cerca de 19 anos. A pouca idade também contribuiu para que eu ficasse bem mais assustada do que eu ficaria hoje, por exemplo.

me enreda no que concerne ao uso das mídias digitais: nunca fui ensinada, nem mesmo discipulada, a respeito da ética cristã aplicada às redes sociais. O X, como é agora designado o antigo Twitter, é um espaço naturalmente bélico, e eu o utilizo desde adolescente. Antigamente, a plataforma era usada para falar sobre banalidades do dia a dia, mas, com o tempo, foi se tornando uma rede social de opiniões — e quanto mais polêmica a opinião, mais curtidas, compartilhamentos e seguidores atrairá. Esse ciclo vicioso foi fazendo do X uma rede tensa, para dizer o mínimo.

Ao viver no modo "tuiteira", eu me acostumei com a tensão e com a polêmica pela polêmica. O que consumimos acaba moldando nosso modo de pensar e de agir. Ao longo dos anos, fui me tornando uma pessoa cínica, reclamona e justiceira. Graças a Deus, fui percebendo isso com o tempo — e também com umas broncas que levei de amigos e de meus pastores da igreja local — e fui procurando me corrigir. As redes sociais são formativas em nossas vidas; mas elas também podem ser deformativas, se não as usarmos com sabedoria. De certa forma, tudo com o que temos contato ao longo do dia tem um aspecto educativo, se prestarmos bem atenção.

Nossa geração tem mais possibilidades do que as gerações anteriores, mas continuamos insatisfeitos. No fim, a insatisfação é uma condição humana que somente Deus pode solucionar. Ainda assim, a orientação bíblica de que devemos fazer tudo sem queixas nem discussões permanece. E o X parece promover justamente o contrário dessa orientação, incitando a contenda, a intriga e o ódio no coração. Ao cair nesse engano, acabamos nos tornando completamente cínicos e repreensíveis pelo Senhor.

O mundo digital tem lá suas perversões e corrupções, onde o que prospera é a promoção dos frutos da carne, e não do fruto do Espírito. Porém, a Palavra de Deus continua nos conclamando a fazer um movimento contracultural e a resplandecer como luzeiros no mundo, preservando a Palavra da vida e, em sentido relacional, promovendo a fraternidade, o amor e a verdade. Um movimento contracultural nas mídias digitais implica promover as virtudes do amor do reino de Deus em meio a uma cultura extremamente carente de cuidado e afeição. Não é algo fácil de realizar, pois nosso coração é duro. Mas procurar intencionalmente agir dessa maneira também faz parte do ato de carregar a cruz e seguir a Cristo.

PALPITEIROS DIGITAIS

Estar sempre comentando polêmicas vai nos transformando, inevitavelmente, em palpiteiros digitais. A qualidade dos comentários passa a ser algo secundário ou mesmo terciário, e o ato de comentar, como fim em si mesmo, torna-se a prioridade. Dar palpites em polêmicas, de forma constante, tem suas gratificações. A principal recompensa é ganhar seguidores. O crescimento no número de seguidores, curtidas, compartilhamentos traz fama digital e prestígio, o que cria um ciclo bastante vicioso.

As redes sociais são recortes da vida e geram momentos que, se intensificados e potencializados por comentários maldosos, podem fomentar uma enxurrada de reações, o que faz com que posts polêmicos acabem tendo maior alcance. No entanto, quando não temos clareza de que são meros recortes da vida, e não o todo de como o nosso mundo funciona, acabamos vendo as relações reais a partir dos mesmos recortes que vemos no mundo virtual. Dessa forma, podemos acabar acostumando-nos a viver reclamando, a viver para reclamar.

O X tornou-se a mídia social onde há mais reclamões por pixel quadrado, e infelizmente todos nós nos curvamos a isso. De certa maneira, o pecado da murmuração se tornou extremamente amenizado e aceito entre nós, em especial pelas gerações mais novas. No entanto, viver reclamando nos torna amargos, além de acabar com nossa esperança. E, quando isso acontece, ficamos chatos e com visões pré-definidas, engessadas, que nos tornam vazios também. Percebi isso em mim mesma: notei que estava ficando extremamente amarga e com uma incapacidade de enxergar a beleza da vida. Com isso, além de pecar contra Deus por estar sempre murmurando e deixando de ver as bênçãos diárias que ele coloca em minha vida, ainda estava sufocando a mim mesma com a minha chatice.

E mais: o hábito de reclamar de tudo nos faz dar palpites sobre questões que sequer entendemos ou que não são da nossa área de conhecimento. Acabamos comentando relações de pessoas que nem conhecemos, sobre questões históricas, geográficas e geopolíticas que não entendemos. Acabamos nos tornando "tudólogos", conhecedores de tudo. E quem conhece de tudo, na verdade, não conhece nada de nada.

Dar palpites sobre todas as coisas, o tempo todo, abre espaço para que nossos pecados sejam revelados. O conselho do sábio é de que devemos moderar a língua, pois essa é a forma prudente de agir: "Quem fala demais acaba pecando; quem é prudente fica de boca fechada" (Pv 10.19). Devemos moderar a língua, mas também os dedos (no teclado). A forma como fazemos comentários de assuntos que não dominamos revela nossa prepotência. Achar que precisamos falar sobre tudo demonstra infantilidade. O modo como falamos das pessoas indica nossa falha em amar o próximo. O jeito como nos achamos aptos para julgar todas as ações do universo revela nosso antigo desejo de tomar o lugar de Deus, como julgador de tudo e de todos.

POR TRÁS DA TELA: REVELANDO OS SEGREDOS DO CORAÇÃO

Jeremias 17.9-10 diz: "O coração humano é mais enganoso que qualquer coisa e é extremamente perverso; quem sabe, de fato, o quanto é mau? Eu, o SENHOR, examino o coração e provo os pensamentos. Dou a cada pessoa a devida recompensa, de acordo com suas ações".

As mídias sociais não nos dão voz, elas a potencializam. Elas dão a possibilidade de nos escondermos por trás de um perfil e revelar segredos ocultos do coração. Assim, ao mesmo tempo que as mídias sociais podem ser positivas, também podem ser negativas. A falta de pessoalidade que os celulares nos conferem pode acabar nos deixando rígidos, insensíveis e agressivos. Medimos os outros com réguas morais com as quais não estamos dispostos a medir a nós mesmos.

A sinalização de virtude é um problema comum no X, pois, se estamos sempre comentando fatos, acabamos por julgar os outros e por achar que estamos acima de críticas, que somos incapazes de cometer erros.[3] Ora, a virtude em si é necessária para que a sociedade floresça, é uma categoria ética que a própria Escritura nos direciona a procurar com diligência. James K. A. Smith, definindo o termo virtude, disse: "Virtudes, de modo bem simples, são os bons hábitos morais. (Hábitos morais ruins, como você pode imaginar, são denominados 'vícios')".[4] Seria incoerente da minha parte criticar as virtudes, já que este

[3]Virtudes são as qualidades ligadas à moralidade. Segundo o professor Michael J. Sandel, em *Justiça: O que é fazer a coisa certa* (São Paulo: Civilização Brasileira, 2011), virtudes seriam as qualidades de caráter das quais depende uma boa sociedade.

[4]James K. A. Smith, *Você é aquilo que ama: O poder espiritual do hábito* (São Paulo: Vida Nova, 2017), p. 38.

livro é justamente sobre como podemos produzir boas virtudes em meio a uma sociedade que está acostumada aos vícios. A questão que levanto é a do problema que ocorre quando há sinalização de virtude, ou seja, uma autopromoção das virtudes a fim de se mostrar superior ao outro.

Uma das coisas que Jesus mais criticou nos fariseus, nos saduceus e nos mestres da lei foi a sua falsa moralidade. Segundo Cristo, os mestres da lei atavam fardos pesados ao povo que eles mesmo não queriam carregar (Mt 23.4). Ainda assim, os fariseus sinalizavam virtude e achavam que estavam caminhando retamente, persistindo em sua falsa moralidade.

A consequência última da sinalização de virtude frente ao outro é o cancelamento. A cultura do cancelamento é irredutível e moralista, uma cultura que não sabe perdoar. Enquanto Deus nos trata com graça e, como nosso Pai, nos ensina o caminho correto por onde caminhar, a cultura do cancelamento é intransigente e meritocrática. A ordem bíblica para quando virmos um irmão errando é que haja correção, e não a demonização do outro, algo que gera cancelamento e eliminação. A cultura do cancelamento não é a cultura do reino de Deus, segundo a qual, se fôssemos tratados da forma como merecemos, seríamos todos condenados ao inferno.

Quem esquadrinha os corações é Deus e somente ele, não nós. Podemos e devemos olhar as atitudes maldosas de nosso próximo e buscar a promoção da justiça, mas isso deve ser feito buscando o bem de quem errou e dando-lhe uma segunda chance, não demonizando o outro. A cultura do cancelamento, a partir de julgamentos rápidos, tenta esquadrinhar as histórias alheias. Assim como não há nutrição verdadeira em alimentar-se de fast-food, no julgamento rápido tampouco há sabedoria.

BOLHAS SOCIAIS E ROTULAÇÕES

Esse processo de rotulação e da formação de bolhas sociais que acompanhamos nas redes é fruto da hipocrisia. Em Lucas 6.42, Jesus também fala da hipocrisia: "Como pode dizer: 'Amigo, deixe-me ajudá-lo a tirar o cisco de seu olho', se não consegue ver o tronco em seu próprio olho? Hipócrita! Primeiro, livre-se do tronco em seu olho; então você verá o suficiente para tirar o cisco do olho de seu amigo".

Veja como essa hipocrisia muitas vezes se manifesta. Indivíduos seculares, com orgulho, dizem que não há verdade. Essa é uma proposição, no mínimo, contraditória, já que esses indivíduos *verdadeiramente* acreditam que a *verdade* não existe. E quando escândalos ocorrem, e ocorrem com certa frequência, esses indivíduos não veem problema em julgar que aquilo é errado. Isso acontece porque, por mais que o ser o humano procure fugir de Deus, ainda assim a lei do Senhor está gravada em seu coração, e sua consciência e seus pensamentos os acusam ou lhes dizem que não estão agindo corretamente (Rm 2.15).

O curioso é que algumas dessas pessoas chamam os cristãos de hipócritas. A verdade é que, de certo modo, todas as pessoas são hipócritas, independentemente de suas crenças, pois falamos e prometemos muito mais do que podemos cumprir. Todos temos nossas crenças basilares, e com elas construímos nossas cosmovisões. Mas, na realidade, nem sempre conseguimos viver de forma plena de acordo com aquilo em que cremos.

Acontece que, com a diversificação das verdades, quando não se toma como ponto de partida o que foi legislado pelo Criador, ações injustificáveis vão sendo justificadas, ações amorais vão sendo moralizadas. Nós, seres humanos, passamos a ser os detentores da verdade, e assim ditamos o certo e o errado segundo a visão de mundo de cada um. Some-se a isso a forma de funcionamento das mídias sociais, que promovem as chamadas bolhas sociais, e o estrago está feito. As bolhas sociais se retroalimentam e continuam incentivando-se mutuamente em suas crenças, tornando as pessoas cada vez mais avessas a críticas sinceras ou a pensar além da caixa.

Devemos, sim, ter convicções, pois são elas que direcionam nossa vida. Como cristãos, no entanto, o ponto de partida e de chegada de nossas convicções deve ser o que a Bíblia diz, e não o que achamos ou deixamos de achar. Mas, por sermos "donos" de nossas redes sociais, acabamos por criar nossas comunidades e nossas regras e verdades. Depois de formar essas comunidades, formamos essas bolhas de retroalimentação de ideias e de eliminação dos que pensam de forma contrária ou diferente. Quando os conflitos entre pensamentos diferentes e contrastantes não são gerenciados de forma respeitosa, uma máquina de guerra on-line é construída.

Quando bolhas opostas se encontram nas redes, há sempre ataques pessoais e rotulações. Os ataques deixam de ser sobre ideias e se tornam sobre a pessoa que está falando, assumindo a forma de xingamentos. Após os xingamentos, rotula-se o outro como o que há de pior que se conhece. É a velha vontade de tirar o cisco dos olhos do vizinho sem perceber o tronco que está nos nossos. Somos rápidos em notar as inconsistências dos outros, mas muito lerdos em perceber nossas inconsistências e maldades.

Para não cairmos nesse erro tão comum nas redes sociais, é importante avaliar se estamos "brigando" com o outro por uma questão que é essencial ou não. Antes de aderir ao espetáculo da arena pública para humilhar as opiniões daqueles com quem não concordamos, devemos:

1. Analisar primeiro se é uma questão essencial à doutrina cristã ou não.

2. Se for essencial, devemos tentar conversar com a pessoa que publicou aquilo. Se não for essencial, devemos ficar tranquilos em nosso canto e deixar que os outros também se expressem segundo suas convicções.[5]

[5] Sem chatices, por favor.

3. Se for uma questão essencial, devemos tentar uma conversa:

a) Primeiro, no privado. A Bíblia nos ensina que, se tivermos alguma divergência com alguém, devemos procurar a pessoa a sós.[6]

b) No privado, apresente as argumentações bíblicas do erro da pessoa, e se ela ouvir, você ganhou seu irmão.[7]

c) Caso a pessoa não ouça o que você diz, aí sim é interessante você se expressar também no comentário público da postagem, para que outras pessoas entendam o erro da questão e sejam capazes de analisar as opiniões e decidir por si mesmas.

Colocar rótulos pejorativos em irmãos, por causa de diferenças de pensamento, não é uma atitude sábia. Temos que tomar o máximo cuidado com isso. A começar por nós mesmos, por nossa atitude para com os outros.

O X PRECISA DE AGENTES DA PAZ

Mateus 5.9 é um dos textos-base das Escrituras sobre o nosso papel de pacificadores: "Bem-aventurados os pacificadores, porque serão chamados filhos de Deus" (ARA).

[6]Isso está em Mateus 18.15. Concordo que, ao emitir sua opinião e errar, a pessoa não está errando contra você especificamente. Mas penso que esse princípio, ainda assim, é aplicável, pois se trata de ensino público.

[7]É legal pedir ou sugerir, em amor, que quem errou apague a postagem, para que outras pessoas não caiam no mesmo erro.

No artigo "A cruz contradiz nossas guerras culturais", o teólogo público Russell Moore diz que "a Sexta-feira Santa deve nos lembrar que, como cristãos, acrescentar mais indignação e raiva a uma cultura já saturada por sua própria indignação e raiva não é a maneira que Deus define sua sabedoria e seu poder. Construir Babel não pode nos ajudar — o que pode nos ajudar é somente carregar a cruz".[8] Estamos também, como cristãos, sendo consumidos pela cultura, no que concerne a seus aspectos negativos. No entanto, devemos resistir e conscientemente buscar não nos deixar apodrecer. Nossa cultura já murmura e promove ódio demais. Devemos, portanto, como filhos de Deus, promover a paz e não mais guerras.

Como disse o cristão e artista plástico Makoto Fujimura, em seu livro *Cuidado cultural*: "A cultura não é um território a ser conquistado ou perdido, mas um recurso que somos chamados a administrar com cuidado. A cultura é um jardim a ser cultivado".[9] Somos chamados por Deus para formar beleza, e não caos, para sermos agentes de paz, e não de guerra. Fujimura disse que, na guerra cultural, todos nós perdemos, pois

[8]Russell Moore, "A cruz contradiz nossas guerras culturais", *Christianity Today*, 1º de junho de 2022", <https://www.christianitytoday.com/ct/2022/june-web-only/guerra-cultura-polarizacao-evangelho-cruz-pt.html>.
[9]Makoto Fujimura, *Cuidado cultural: Buscando a beleza para a vida em comum* (Rio de Janeiro: Thomas Nelson Brasil, 2024), p. 52.

acabamos simplesmente por desumanizar odiosamente uns aos outros:

> O cuidado cultural enfatiza o bem comum. O trabalho cultural construtivo começa não na oposição, mas no compartilhamento de ideias generosamente discutidas, de visões para as gerações futuras, de oportunidades de encontro e diálogo com o outro; tudo isso poderia ocorrer no contexto das artes e a partir daí se espelhar na sociedade. A partir desse ponto, o cuidado cultural pode e conduzirá a um debate rigoroso — debate que não visa defender tribos ideologicamente homogêneas, mas vislumbrar maneiras de cuidar da totalidade da cultura e de todos os seus participantes.[10]

Acabamos por viver em guerra e criamos também nossas guerras virtuais, cujo objetivo é ganhar discussões. Mas não vale a pena perder irmãos e perder a comunhão para alimentar nosso ego. Não podemos viver de indignação em indignação, incitando nossos seguidores a também tomarem parte nesse ciclo de indignação desesperançosa. Não é sábio viver sempre em busca da matéria polêmica do dia, para comentá-la e, assim, conquistar curtidas, seguidores e fama.

A igreja deve ser agente de paz em um mundo saturado de intrigas, facções e divisão. A igreja deve ser agente da boa-nova e de esperança em um mundo saturado de notícias ruins e amargas. E isso também vale

[10]Ibid., p. 53.

para as mídias sociais. Como disse Davi Lago: "Nossa liberdade não pode ser desculpa para pecar. Sejamos testemunhas de Jesus na cultura-tela".[11]

ENTRE A BELEZA E O HORROR: MANTENHA A ESPERANÇA

A chave para encontrar o equilíbrio entre a beleza e o horror é manter a esperança: "Eu lhes falei tudo isso para que tenham paz em mim. Aqui no mundo vocês terão aflições, mas animem-se, pois eu venci o mundo" (Jo 16.33).

Há, no entanto, dois extremos, que devemos evitar: 1) o de reclamar de tudo, pois isso amarga o coração e nos torna cínicos; 2) o de ver beleza em tudo, pois nos torna inocentes e igualmente cínicos.

Na vida, estamos sempre caminhando entre a beleza e o horror. Este mundo de pecados é assim. A graça e a misericórdia de Deus preservam a beleza da criação, mas o pecado revela a perversidade da humanidade. Olhar somente nos olhos da beleza nos tornará apáticos, insensíveis e indiferentes às dores reais do outro. Isso não é bom e é viver somente em parte, sem experimentar a completude da realidade da experiência humana. Contudo, viver olhando somente para o mal e o horror nos tornará amargurados, depressivos, tristes. Isso nos consumirá até nos destruir por completo, o que, obviamente, também não é

[11] Davi Lago, "A liberdade cristã na era digital", Ultimato, 24 de junho de 2022, <https://www.ultimato.com.br/conteudo/a-liberdade-crista-na-era-digital>.

bom. Um equilíbrio entre olhar nos olhos da beleza e nos olhos do horror pode nos permitir viver com sabedoria.

Observei que o funcionamento do X, em razão das atualizações rápidas de notícias, também estava me levando a ficar mais triste e desequilibrada emocionalmente. Antes eu priorizava seguir muitos perfis de jornalistas e páginas de jornais. Isso não é ruim em si; contudo, percebi que estava gerando em mim um efeito negativo. A razão é que muitas dessas notícias que são divulgadas são de violência, morte, abusos etc., o que fazia com que eu vivesse sempre com raiva e indignada, sem paz. Percebi que estava me acostumando a olhar nos olhos da maldade humana, mas não estava recalibrando e reorientando meu coração para que olhasse nos olhos da beleza também, e esse desequilíbrio existencial estava me trazendo muitas aflições ao coração.

O X parece priorizar os horrores do viver. Os usuários parecem não saber falar sobre coisas boas e parece que a rede foi projetada justamente para isto: quanto mais desgraças você comenta, mais alcance a publicação tem; quanto mais fala de coisas boas, menos alcance a publicação tem. No fim, o que queremos é ser salvadores de nós mesmos; queremos ajeitar com as próprias mãos as coisas que estão erradas. Quando não conseguimos, acabamos por virar justiceiros desesperados e ressentidos.

É verdade que no mundo há muitas aflições. O próprio Jesus nos falou sobre elas. Mas ele também nos falou que já venceu o mundo com todas as suas dores.

Precisamos manter a esperança em meio às angústias. Não precisamos carregar as dores que já foram carregados por Cristo. Há graça aos pés da cruz, e é para lá que devemos continuamente olhar.

Precisamos resistir à disposição bélica das redes sociais; não podemos perder a graça e a doçura. Não podemos deixar que as trevas consumam nosso coração, nem deixar que as adversidades da vida roubem nossa esperança.

Precisamos continuar olhando pra Jesus. Nunca nos esqueçamos de nosso Cristo, de nosso Messias e de sua forma graciosa e amável de ser.

Que no X e em todas as redes sociais sejamos promotores da paz, orando juntos com Francisco de Assis:

Senhor,
Fazei de mim um instrumento de vossa Paz.
Onde houver Ódio, que eu leve o Amor,
Onde houver Ofensa, que eu leve o Perdão.
Onde houver Discórdia, que eu leve a União.
Onde houver Dúvida, que eu leve a Fé.
Onde houver Erro, que eu leve a Verdade.
Onde houver Desespero, que eu leve a Esperança.
Onde houver Tristeza, que eu leve a Alegria.
Onde houver Trevas, que eu leve a Luz!
Ó Mestre,
fazei que eu procure mais:
consolar, que ser consolado;
compreender, que ser compreendido;

amar, que ser amado.
Pois é dando, que se recebe.
Perdoando, que se é perdoado e
é morrendo, que se vive para a vida eterna!
Amém.[12]

[12]"Oração de São Francisco", Franciscanos.org, <https://franciscanos.org.br/carisma/oracao-de-sao-francisco.html#gsc.tab=0>.

06

A padronização do algoritmo desfigura a *imago Dei*

Existem tipos diferentes de dons espirituais, mas o mesmo Espírito é a fonte de todos eles. Existem tipos diferentes de serviço, mas o Senhor a quem servimos é o mesmo. Deus trabalha de maneiras diferentes, mas é o mesmo Deus que opera em todos nós.

1Coríntios 12.4-6

Os especialistas em tecnologia cunharam um termo interessante para a vida digital: "câmara de eco". Eles dizem que, por causa das bolhas sociais que se formam nas redes sociais, acabamos por criar câmaras que ecoam nossa própria voz, pois estamos prontos a ouvir somente os que pensam como nós e rechaçamos os que pensam de forma diferente. Ou seja, na verdade nós negamos — e até mesmo odiamos — a diversidade de ideias.

Na sociedade da informação, o problema não é a falta de informação, mas sim o exato oposto, o excesso de informação. Não sabemos como filtrar as muitas informações que recebemos todo dia, e muitas vezes as filtramos mal, pois queremos ouvir apenas os que pensam de forma semelhante. E há ainda outra questão complexa: as ferramentas e as mídias sociais que usamos não são neutras. O mecanismo dos algoritmos tem nos padronizado, deixando-nos isolados em bolhas sociais e em câmaras de eco que retroalimentam nossas ideias e nosso ego.

Em 2020, foi disponibilizado o documentário *O dilema das redes* na plataforma Netflix. Nele, vários especialistas em mídias sociais e ferramentas digitais foram entrevistados. Alguns deles trabalham no Vale do Silício, área dos Estados Unidos onde se concentram as empresas globais de tecnologia. O documentário foi indicado a sete prêmios

Emmy e venceu dois. Os entrevistados falaram num tom bastante alarmista a respeito das redes sociais, e uns até recomendam que deletemos todas as nossas redes. Se especialistas em tecnologias dizem isso, certamente é um assunto que merece nossa atenção.

Muitas vezes, ao ver a evolução tecnológica, dizemos: "Uau, isso é muito *Black Mirror*", em referência à série britânica de ficção científica que traz alertas sobre o uso que fazemos das tecnologias. É verdade que a série tem um tom alarmista e exagerado sobre o uso das mídias sociais. Contudo, parece que se tornou mais uma profecia do que uma ficção. E assim continuará a ser, se não pararmos para refletir e remodelar nosso uso das redes sociais. Precisamos fazer de *Black Mirror* uma ficção de novo. Precisamos reformar nosso estilo de vida digital.

Eli Pariser é autor best-seller da obra *The Filter Bubble*. Em sua participação no TED Talk com uma palestra intitulada "Cuidado com as bolhas de filtro on-line", ele apresenta algumas questões importantes que deveriam nos interessar, como cristãos. Destaquei três pontos que me chamaram atenção:[1]

1. *Os algoritmos são amorais e isso é um problema.* Eli Pariser disse: "A sua bolha de filtros é o seu universo pessoal

[1] Eli Pariser, "Beware online 'filter bubbles'", TED, março de 2011, <https://www.ted.com/talks/eli_pariser_beware_online_filter_bubbles>. A transcrição e tradução das falas de Pariser foram feitas por mim. Qualquer erro no entendimento é de minha responsabilidade.

e único de informação no qual você vive on-line. E o que está na sua bolha de filtros depende de quem você é, e depende do que faz. Mas o fato é que não somos nós que decidimos o que entra [em nossa bolha]. E, mais importante ainda, não vemos o que é editado [deixado de fora dela]. Numa sociedade de radiodifusão [...] tínhamos esses guardiões, os editores, e eles controlavam os fluxos de informação. A internet os tirou do caminho e permitiu que todos nos conectássemos uns aos outros, o que foi fantástico. Mas não é isso que está acontecendo neste momento. O que estamos vendo é mais uma passagem da tocha dos guardiões humanos para os guardiões algorítmicos. E o problema é que os algoritmos ainda não têm o tipo de ética incorporada que os editores tinham".

Os dados são colhidos pelas empresas de tecnologia e, assim, formam um padrão do que nos será mostrado. O ponto levantado por Pariser é que, atualmente, seja nas ferramentas de busca seja nas redes sociais, só nos é mostrado o que está de acordo com as nossas preferências, e não de acordo com as nossas necessidades de informação, de modo geral.

O gosto do indivíduo torna-se soberano, aprofundando ainda mais o individualismo — ou o hiperindividualismo. Isso, por si só, já é um problema — que iremos explorar no próximo ponto. Mas o foco de Pariser é que, no fim das contas, os algoritmos não têm sensibilidade social nem uma ética e moral desenvolvidas. Por isso, acabam por não filtrar de forma ética as informações que recebemos.

Acredito que isso deva interessar a nós, cristãos, de forma especial, pois temos um Deus que se importa com a moralidade e que exige que tenhamos ética em nossos relacionamentos. Em Cristo, Deus nos faz verdadeiramente humanos, mais compassivos e mais cuidadosos com o nosso próximo e com a Criação. Se os algoritmos são amorais, ao usarmos as mídias sociais sem atentar para questões como as que Pariser levanta, podemos estar sendo esvaziados de nossa humanidade,[2] e, dessa forma, podemos estar negociando valores que o Senhor nos ensinou sem nem ao menos perceber.

2. *As bolhas sociais nos tornam intolerantes e preconceituosos*. Eli Pariser nos alerta de que, "se os algoritmos vão fazer a curadoria do mundo por nós, se vão decidir o que podemos ver e o que não podemos ver, então temos de nos certificar de que não estão apenas ligados à relevância. Temos de ter a certeza de que também nos mostrem coisas que são incômodas, desafiadoras ou importantes [...] que nos mostrem outros pontos de vista".

[2]Pode parecer uma declaração forte, e é. Mas basta ver como estamos mais dispostos a filmar ou a tirar foto de alguém em sofrimento do que a ajudar, ligar para um SAMU ou para a polícia. Basta ver como estamos mais propensos a falar sobre situações de violência e dor do que a fazer algo efetivo para ajudar os que estão sofrendo. Estamos nos tornando ativistas virtuais, e isso nos faz perder a coragem e ter menos vigor e energia para ajudar os que estão em sofrimento.

Neste ponto eu gostaria de sua total atenção. Reafirmar apenas nossas ideias nos torna intolerantes com os outros que não pensam como nós, pois as redes sociais nos acostumam a ouvir apenas os que pensam de forma semelhante à nossa. As bolhas sociais das mídias são formadas a partir de nossas preferências e ideias. Contudo, o mundo não funciona assim. Lamento informar, mas o mundo não opera segundo as minhas (ou as suas) preferências e escolhas. Estamos nos tornando adultos infantilizados. É a criança que não sabe lidar com os "nãos" da vida. De pessoas adultas, espera-se que saibam que o mundo não gira em torno do seu umbigo. Contudo, as mídias sociais acabam nos incentivando à criancice, pois fazem com que achemos que o mundo gira ao nosso redor.

As pessoas não são nossas sombras, não são meras reprodutoras de nossas ideias, e nós não somos o centro do mundo. Nossos vizinhos, nossos colegas de trabalho, as pessoas que passam por nós no dia a dia, todos são seres com personalidade própria e vivências únicas, e é isso que os faz humanas. Nosso mundo precisa de mais respeito à pessoa do outro, e não de querermos que todos sejam iguais a nós e pensem como nós. A busca pela unidade não significa, de forma alguma, unicidade.

Como o teólogo croata Miroslav Volf disse:

> Cada ser humano compartilha igualmente uma humanidade comum, mas cada um é humano de uma forma única.

A unicidade assim como a igualdade estão enraizadas no Deus único. A simultânea afirmação de igualdade humana e diferenças humanas é uma característica de todos os monoteísmos, mas ela é de modo especial congruente com versões do monoteísmo trinitário no qual a unidade e as diferenças divinas são igualmente primordiais.[3]

Acredito que isso deva interessar a nós, cristãos, de forma especial, pois Deus — que fez a cada um de nós e, a partir de sua criatividade, nos fez cada um de um modo — quer que todos sejam à *sua* imagem e semelhança. Querer que todos sejam à *nossa* imagem e semelhança é querer ir contra a graça criativa de Deus.[4]

3. *As câmaras de eco nos tornam preguiçosos*. Eli Pariser destacou que não está demonizando as mídias digitais, mas chamando a atenção para a problemática do eco que elas acabam produzindo. "Sei que estão aqui muitas pessoas do Facebook e do Google [...] pessoas que ajudaram a construir a web como ela é, e sou grato por isso. Mas precisamos mesmo que se certifiquem de que esses algoritmos tenham codificado em si mesmos um senso de vida pública, um senso de responsabilidade cívica. Precisamos que se certifiquem de que são suficientemente

[3]Miroslav Volf, *Exclusão e abraço: Uma reflexão teológica sobre identidade, alteridade e reconciliação* (São Paulo: Mundo Cristão, 2021), p. 23.

[4]Para mais sobre a graça criativa de Deus, confira meu livro *O estigma da cor: Como o racismo fere os dois grandes mandamentos* (São Paulo / Rio de Janeiro: Quitanda / Thomas Nelson Brasil, 2021).

transparentes para que possamos ver quais são as regras que determinam o que passa pelos nossos filtros. E precisamos que nos deem algum controle para podermos decidir o que passa e o que não passa [na filtragem]. Porque penso que precisamos mesmo que a internet seja aquela coisa que todos sonhamos que fosse. Precisamos que ela conecte a todos nós. Precisamos que ela nos apresente novas ideias, novas pessoas e diferentes perspectivas. E ela não vai fazer isso se nos deixar isolados em uma rede de uma pessoa só."

Quando vemos e ouvimos apenas aquilo que reafirma o nosso pensamento, acabamos por não usar toda a criatividade humana, e vivemos apenas de reproduzir o que já foi falado. Se ficamos retroalimentando a nós mesmos, acabaremos por idolatrar a nós mesmos, e dessa forma se tornará muito fácil eliminar (ou cancelar) o outro que pensa diferente de nós.

Como o apóstolo João disse em 1João 3.15: "Quem odeia seu irmão já é assassino. E vocês sabem que nenhum assassino tem dentro de si a vida eterna". Estamos naturalizando o ódio pelos que pensam diferente de nós porque estamos nos desacostumando a ouvir quem é e quem pensa diferente de nós.

Deus nos dá dons diferentes para que sirvamos uns aos outros de forma diferente, edificando-nos mutuamente. Um só Espírito nos concede diversos dons, um só Senhor dá um modo diferente de servir a cada um de nós. É o nosso Deus que opera tudo em nós, enquanto realizamos a obra dele. E tudo ele faz para manifestar a riqueza de sua graça e de sua glória. A partir do momento que procuramos ter somente os mesmos dons, servir somente da mesma forma e realizar somente as mesmas coisas, caímos numa padronização do servir, e deixamos muitas vezes o direcionamento de Deus em segundo plano. A extinção dessa padronização advém da submissão verdadeira à missão que Deus nos deu e do descobrimento dos dons que ele nos concedeu, usando-os, da melhor forma, para a edificação da igreja e o bem de todos.

JESUS AMA QUEM NÓS ODIAMOS

Marcos 3.13-19 é uma passagem que nos fala sobre a escolha dos discípulos:

> Depois, Jesus subiu a um monte e chamou aqueles que ele desejava que o acompanhassem, e eles foram. Escolheu doze e os chamou seus apóstolos, para que o seguissem e fossem enviados para anunciar sua mensagem, e lhes deu autoridade para expulsar demônios. Estes foram os doze que ele escolheu: Simão, a quem ele chamou Pedro, Tiago e João, filhos de Zebedeu, aos quais deu o nome de Boanerges, que significa "filhos do trovão", André, Filipe, Bartolomeu, Mateus, Tomé, Tiago, filho de Alfeu, Tadeu, Simão, o cananeu, Judas Iscariotes, que depois o traiu.

Há algo que me chama atenção na escolha que Jesus fez dos seus discípulos. Ele poderia ter escolhido os poderosos de sua época, mas escolheu pessoas simples e até iletradas, sem muita experiência com educação formal. Além do mais, Jesus não escolheu pessoas de personalidades iguais, mas sim doze homens com uma diversidade de dons e talentos, dentre os quais destaco: 1) Simão Pedro, que era impetuoso e impulsivo; 2) Tiago e João, os filhos do trovão, que eram indomáveis e vingativos; 3) Tomé, que era incrédulo; 4) Mateus, o cobrador de impostos, que era considerado traidor de seu próprio povo.

Jesus instruiu seus apóstolos a viverem em unidade, mesmo tendo personalidades tão diferentes. Ele os guiou e os ensinou sobre isso dando como exemplo sua própria vida. Em nenhum momento Jesus disse a Simão Pedro que ele deveria ser como João, ou vice-versa; pelo menos não vemos isso registrado em nenhum lugar dos Evangelhos. Jesus repreendeu a cada um segundo o seu pecado, mas também encorajou a cada um segundo a sua missão e o seu papel. Certamente Tomé, que era mais hesitante, muito aprendeu com a personalidade de Simão Pedro, mais impetuoso, e vice-versa. Nossas personalidades podem ser uma bênção para a missão, se soubermos ser gratos pelo que Deus nos deu e se pedirmos a ele que nos instrua sobre como usar o que ele nos concedeu para a sua glória. Isso nos ajudará também a sermos gratos por aquilo que Deus concedeu aos nossos irmãos, e a podermos apreciar o modo como Deus tem usado servos diferentes de nós para alcançar pessoas as quais, pelas nossas limitações pessoais, jamais conseguiríamos alcançar — ou que teríamos grande dificuldade em fazê-lo.

Cada pessoa é única no reino de Deus, tendo um papel único a desempenhar. Cada um de nós, com seus dons e talentos, tem um propósito pelo qual foi criado, uma missão. A partir do momento que agimos de forma irrefletida nas redes sociais e acabamos por nos deixar padronizar por influência de algoritmos ou *trends*, minamos a criatividade que Deus nos deu e, assim, nos perdemos na missão.

Se Pedro quisesse ser João, ou se Tomé quisesse ser Tiago, eles teriam se perdido em picuinhas e brigas desnecessárias, em vez de manterem o foco na missão. É evidente que não estou ignorando — nem deixando de lado — o fato de que, certamente, houve desentendimentos entre os apóstolos, pois eles eram humanos como nós. O ponto que quero destacar aqui é a soberania de Deus na escolha de pessoas com dons e talentos diversos. Marcos relata que Jesus chamou os que ele mesmo quis e chamou pessoas diferentes, em vez de todas iguais.

Retomo aqui o alerta de Pariser, pois não apenas usamos as redes sociais, mas elas nos "usam" também. As mídias sociais não são um campo neutro, elas também nos moldam. Os algoritmos, as *trends*, as preferências e sugestões que nos são mostradas diariamente, tudo isso afeta quem nós somos. É preciso romper com esse estilo de vida que as redes sociais nos levam a viver, no qual nos tornamos reféns de bolhas sociais e em pé de guerra com os que são diferentes de nós. Nossas mútuas diferenças não nos enfraquecem, e quem é diferente de nós não é necessariamente nosso inimigo.

Precisamos suportar uns aos outros em amor, como nos ensina a Palavra. Isso significa também suportar uns aos outros em nossas diversidades, e não querer que os outros sejam um espelho da minha imagem para que eu os ame. Jesus não pediu que amássemos uns aos outros, ele nos ordenou isso. Se o amor é um mandamento, não podemos negociá-lo, não temos como barganhar com Deus. Jesus ama e usa pessoas de que muitas vezes não gostamos.

Sim, a internet pode ser um ambiente usado para atingir pessoas que jamais alcançaríamos em tempos passados, quando a tecnologia não era tão desenvolvida, e isso é uma bênção. Sim, as mídias sociais podem ser um meio para nos conectarmos com pessoas distantes de nós, abençoando-as e servindo-as de alguma forma. Por exemplo, podemos usar as redes sociais para pregar a Palavra e, assim, alcançar pessoas que estão em países ainda não alcançados pelo evangelho. Tudo isso é bom e agradável. Mas só será de fato assim se tivermos uma postura ativa e consciente no uso das mídias sociais. Se nos rendermos aos moldes do que nos está sendo proposto (ou imposto) em questões como as bolhas sociais, as câmaras de eco e as rotulações de pessoas, acabaremos por suprimir a nossa voz e deixar de usar nossos dons e talentos para sermos meramente mais um eco no meio virtual.

AS CÂMARAS DE ECO VIRTUAIS NOS DESORIENTAM DE NOSSA MISSÃO

Insisto bastante na temática dos dons e talentos, pois genuinamente creio que este é o ponto fundamental para o contentamento e o serviço zeloso ao Senhor. Uso a palavra contentamento, pois, a partir do momento que entendemos nosso dom, saberemos qual é a parte que nos cabe no corpo de Cristo. Quando entendermos quais são os nossos dons, serviremos zelosamente ao Senhor, pois será mais fácil saber onde é nosso lugar no corpo, onde devemos trabalhar e servir, e isso alegrará nosso coração, pois teremos completude. A metáfora do corpo, em 1Coríntios 12.14-20, nos ajuda a entender bem essa ideia:

> De fato, o corpo não é feito de uma só parte, mas de muitas partes diferentes. Se o pé diz: "Não sou parte do corpo porque não sou mão", acaso, por isso, deixa de ser parte do corpo? E se a orelha diz: "Não sou parte do corpo porque não sou olho", será que, por isso, deixa de ser parte do corpo? Se o corpo todo fosse olho, como vocês ouviriam? E, se o corpo todo fosse orelha, como sentiriam o cheiro de algo? Mas nosso corpo tem muitas partes, e Deus colocou cada uma delas onde ele quis. O corpo deixaria de ser corpo se tivesse apenas uma parte. Assim, há muitas partes, mas um só corpo.

O teólogo Werner de Boor, comentando esse texto de 1Coríntios, disse: "O corpo vive somente pela multiplicidade de seus membros e de toda a pluralidade de suas funções. Portanto, a unidade do corpo de Cristo de forma alguma significa uniformização!".[5] Deus nos chama a vivermos de forma unida, assim como a Trindade vive, mas ele não nos chama a sermos de uma mesma forma; muito pelo contrário, ele nos dá dons diferentes, para que sirvamos uns aos outros na multiforme graça dele (1Pe 4.10). Werner de Boor comenta ainda:

> A capacidade vital do corpo reside no convívio dos membros com todas as suas diferenças. [...] Contudo o olhar objetivo para um "corpo" o enxerga de maneira muito distinta. O pé certamente não é mão, e o ouvido não é olho; mas o pé e o ouvido são tão imprescindíveis para a vida do corpo quanto a mão e o olho. [...] Acima do corpo, porém, torna-se visível Deus [...] Será que diante dessa vontade de Deus ainda pode haver sentimentos de inferioridade e desânimo? Também o pequeno dom e o serviço pouco aparente se originam de Deus. Não temos de olhar para outros, a nosso ver mais ricamente dotados e que realizam algo muito maior. Muito menos empreender a tentativa vã de imitar os outros. Com gratidão podemos ser aquilo que somos, servindo assim com nosso empenho ao todo.[6]

[5]Werner de Boor, *Primeira Carta de Paulo aos Coríntios*, Comentário Esperança (Curitiba: Esperança, 2004), p. 196.
[6]Ibid., p. 196-197.

É possível que, em nossa missão, acabemos por achar o dom do vizinho melhor do que o nosso, e com isso acabamos nos diminuindo, nos sentindo inferiores. Paulo sabia disso. Contudo, Deus é o cabeça de toda a missão e é ele quem convoca cada um para ser uma parte específica do corpo. Mesmo se quisermos ser o outro, nem assim deixaremos de ser nós mesmos.

É claro que, em tempos digitais, nossos celulares fazem as vezes de uma prateleira virtual, um catálogo com conteúdos, repleto de pessoas bem diferentes de nós e que podemos considerar melhores que nós. Isso também ocorre entre nós que somos igreja. A dinâmica de funcionamento das mídias sociais — com suas curtidas, visualizações e compartilhamentos — faz com que queiramos ser vistos e notados, e pode nos fazer pensar que o que tem mais "engajamento" é mais desejado e amado. Acabamos nos decepcionando com nós mesmos e, logo em seguida, podemos até colocar a culpa em Deus: "Ah, meu Pai, se eu fosse mão, e não pé, aí sim eu seria bem mais legal e amado". Acabamos colocando a culpa em Deus pelo fato de nos medirmos a partir de métricas meramente humanas, e isso nos faz deixar a missão de lado.

Paulo disse que o pé não será mão só porque deseja ser. Nossos desejos não são maiores do que a missão que Deus tem para nós. Deus não errou ao nos criar do jeito que nos criou, e não errou ao nos dar o dom que nos deu. Se estamos mais dispostos a seguir as *trends*, a sermos câmaras de eco virtuais, nos moldando ao desejo de nossos seguidores, ficaremos desorientados na missão, pois estaremos mais interessados na aprovação humana do que em entender como Deus quer que sejamos luz nas mídias sociais.

Paulo combate os danos que advêm da comparação mesquinha que fazemos uns com os outros. Em vez de louvar a Deus por usar nosso irmão da forma como usa, por dar-lhe a capacidade que ele tem, muitas vezes nos comparamos e acabamos nos aborrecendo com Deus pelas nossas diferenças. A amplitude que as mídias sociais trazem, de nos mostrar muito mais pessoas — e pessoas distantes de nós, com estilos de vida diferentes e, às vezes, aparentemente superiores —, pode acabar nos levando a uma fúria crônica.

Por último, gostaria de deixar aqui o comentário do teólogo William MacDonald sobre essa passagem:

> A consciência de que a diversidade é essencial para um corpo normal e saudável nos protege de dois perigos: depreciar a nós mesmos e menosprezar os outros. Seria absurdo o pé se sentir insignificante por não ter a mesma função que a mão. Afinal, o pé serve de apoio e ajuda o corpo a andar, correr, subir e descer, dançar e chutar, entre muitas outras coisas.[7]

Tudo passa pela consciência. A partir do momento que tivermos consciência de quem somos em Deus, dos

[7]William MacDonald, *Comentário Bíblico Popular: Novo Testamento*, 2ª edição (São Paulo: Mundo Cristão, 2011), p. 516.

dons e talentos que ele nos deu, da missão que tem para nós e de como deseja nos usar, estaremos felizes em ser quem somos. Isso nos ajudará a usar as mídias sociais, com seu intenso fluxo de informação, sem sermos meras câmaras de eco, mas trazendo conteúdos edificantes, falando quando devemos falar e calando quando devemos calar. Se soubermos claramente qual é a nossa missão e de fato a seguirmos, encontraremos alegria plena em servir a Deus e com Deus.

Conclusão

Como a era digital forma e deforma nossa espiritualidade

Chegamos ao final desta jornada. Na introdução, conversamos sobre o tempo em que vivemos e os desafios que nele estão postos. Isso foi fundamental para termos um esqueleto da nossa sociedade e, assim, saber como proceder segundo os limites que temos.

No primeiro capítulo, falamos que a sede humana por conexão não é algo novo, não começou com a geração da informação, antes é uma sede primitiva, dada pelo nosso Deus, pois ele nos criou para que vivêssemos em unidade, fraternidade e amor.

No segundo capítulo, dialogamos sobre como a banalização da conexão pode nos deixar confusos e acabar gerando superficialidade em nossas relações. No terceiro capítulo, debatemos sobre o fato de que, muitas vezes, estamos buscando um mundo tranquilo, instagramável, quando, na verdade, Deus nos prometeu um mundo de aflições. No quarto capítulo, vimos como o hiperindividualismo pode prejudicar nossas relações humanas, pois acabamos por nos preocupar muito mais com nós mesmos e por instrumentalizar o outro para servir a nossos objetivos pessoais.

No quinto capítulo, vimos como nossa geração, que tem tudo, vive reclamando, e que precisamos cultivar mais o hábito da gratidão. O sexto capítulo foi um pouco mais técnico; nele vimos como funcionam as ferramentas das mídias sociais e o fato de que elas não são neutras, podendo tanto nos formar de maneira positiva como também podem ser nocivas e nos deformar.

Ao longo de todos esses capítulos, meu objetivo foi mostrar como podemos aplicar os velhos princípios bíblicos aos tempos em que vivemos. Nesta conclusão, gostaria de tentar sugerir respostas para a questão de como a era digital forma e deforma a nossa espiritualidade.

JESUS É A RESPOSTA, MAS QUAL É A PERGUNTA?

Cresci ouvindo que "Jesus é a resposta". Essa frase famosa era uma forma de reiteração da soberania de Deus sobre todas as coisas. Se Deus é soberano (e ele é), logo tem todo o poder e dá conta de resolver todos os fatos que concernem à vida humana. A premissa e a conclusão fazem sentido. Mas é bom sempre nos aprofundarmos nas questões. É interessante questionar: "Jesus é a resposta, mas qual é a pergunta?". Cada época tem suas próprias perguntas, cada período tem algo mais urgente com o que lidar.

A história humana prova que os seres humanos tiveram de lidar com as questões mais patentes e urgentes de seus respectivos tempos, e que cada tempo tem desafios próprios. Assim, é a essas questões específicas de determinado tempo que o Senhor Jesus se apresenta como resposta, no sentido de mostrar um caminho alternativo e mais excelente às problemáticas. É nisso que consiste o evangelho, a notícia mais excelente, a melhor das respostas às questões que enfrentamos.

Se tivermos ouvidos para ouvir, olhos para ver e discernimento do Espírito, teremos sabedoria para avaliar os tempos. O saudoso teólogo Tim Keller nos ensinou sobre a exegese cultural, sobre como podemos interpretar nosso tempo e oferecer respostas bíblicas aos clamores culturais. Essa aplicação é própria da teologia pública.

Às vezes, estamos falando e respondendo demais, mas nem sempre às perguntas e às necessidades das pessoas, e isso não deixa de ser um desperdício. Em outras palavras, não é muito inteligente, nem eficaz. Em uma época em que o tecido social da fraternidade e da unidade está dilacerado, em que a polarização está destruindo as bases da civilidade humana, em que as bolhas sociais e o fluxo de informações estão nos tornando cada vez mais insensíveis ao nosso próximo, a resposta de Jesus é contundente e se encontra em João 17.

Jesus, na oração sacerdotal, uma de suas últimas orações, ora por si mesmo e por seus discípulos. Ao orar pelos discípulos, Jesus pede que o Pai faça com que seus discípulos sejam um. A unidade é a mensagem da oração sacerdotal de Jesus, unidade produzida não pelos próprios discípulos, mas por Deus. Jesus ora para que os discípulos sejam unidos tal qual a Trindade o é.

Chama a atenção o fato de Jesus ter dito que o mundo creria que Deus o enviou ao ver a unidade e harmonia de seus discípulos (Jo 17.21-23). Em Tiago 4.1-7, o apóstolo diz que as guerras e contendas que existem na igreja do Senhor vêm por causa das paixões que existem dentro de nós, por causa do pecado. Tiago orienta os cristãos a resistirem a diabo — que é o senhor de toda sorte de divisões — e a se submeterem a Deus, andando unidos em amor. Precisamos de uma boa teologia que fale de unidade em amor, segundo a qual estaremos mais interessados em servir do que em sermos servidos.

Em tempos de polarização, precisamos buscar incansavelmente a unidade, primeiramente a da igreja, para que o mundo creia na resposta mais suprema — de unidade em amor — que Jesus tem a oferecer. Mas, se seguimos brigando entre nós, em vez de procurar a unidade e de ser luz para uma cultura cada vez mais fragmentada, quem crerá em nossa mensagem?

Como Jesus respondia às perguntas das pessoas? Mateus 4.23 nos dá uma síntese do ministério de Jesus: "Jesus viajou por toda a região da Galileia, ensinando nas sinagogas, anunciando as boas-novas do reino e curando as pessoas de todo tipo de doenças". Mateus resume o ministério de Jesus em três verbos: ensinar, anunciar (pregar) e curar. Jesus ensinou nas sinagogas, onde debateu com mestres da lei e sábios. Mas também pregou a pessoas simples, inclusive pessoas que nem eram letradas. Ele curou as dores de todos, independentemente de cor, raça ou nacionalidade.

Portanto, esta é a forma como devemos responder às perguntas das pessoas: 1) pregando-lhes o evangelho da graça e do amor de Deus, que é a resposta às aflições que estão enfrentando e que o mundo enfrenta; 2) ensinando-lhes a Palavra de Deus, isto é, estudando para saber responder a cada um a razão de nossa fé, de modo inteligível; 3) curando as dores presentes, que significa, primeiro, ter ouvido atento para entender qual é a dor que as pessoas — e o mundo — estão sentindo, para depois procurar uma ação prática, em vez de se omitir. Como disse Jesus no Sermão do Monte, logo em seguida à passagem de Mateus 4, devemos deixar brilhar nossa luz diante dos homens, para que vejam as nossas boas obras e glorifiquem a nosso Pai que está nos céus (Mt 5.16). Fé e obras caminham juntas, não são antagônicas.

BUSQUE A CRUZ, E NÃO A FAMA

Tiago 4.1-10 é a passagem que nos inspira na reflexão desta última seção:

> De onde vêm as discussões e brigas em seu meio? Acaso não procedem dos prazeres que guerreiam dentro de vocês? Querem o que não têm, e até matam para consegui-lo. Invejam o que outros possuem, lutam e fazem guerra para tomar deles. E, no entanto, não têm o que desejam

porque não pedem. E, quando pedem, não recebem, pois seus motivos são errados; pedem apenas o que lhes dará prazer. Adúlteros! Não percebem que a amizade com o mundo os torna inimigos de Deus? Repito: se desejam ser amigos do mundo, tornam-se inimigos de Deus. O que vocês acham que as Escrituras querem dizer quando afirmam que o espírito colocado por Deus em nós tem ciúmes? Contudo, ele generosamente nos concede graça. Como dizem as Escrituras: "Deus se opõe aos orgulhosos, mas concede graça aos humildes".

Portanto, submetam-se a Deus. Resistam ao diabo, e ele fugirá de vocês. Aproximem-se de Deus, e ele se aproximará de vocês. Lavem as mãos, pecadores; purifiquem o coração, vocês que têm a mente dividida. Que haja lágrimas, lamentação e profundo pesar. Que haja choro em vez de riso, e tristeza em vez de alegria. Humilhem-se diante do Senhor, e ele os exaltará.

A terra dos homens é composta por beleza, riqueza, graciosidade e maravilhas de tirar o fôlego. De manhã, ao nascer, o sol cumpre sua função de iluminar e, havendo luz, podemos ver toda a beleza e formosura da Criação, das flores, das nuvens, das árvores, dos animais. Contudo, há também podridão e feiura na terra dos homens, por causa dos homens. O ser humano, por ser pecador, age em prol de benefícios pessoais, e não em prol de cultivar e guardar a Criação. O ego e a ambição são o início, o meio e o fim das ações humanas, o que leva ao uso inadequado dos recursos da criação de Deus e ao desajuste nas relações, tanto com o divino quanto de uns com os outros. Dessa forma, podemos dizer que a cultura é formada tanto de belezas quanto de feiuras, tanto de luz quanto de trevas.

Todo ser humano tem em si uma dose de narcisismo, que faz com que os interesses pessoais sejam mais importantes. O conflito de interesses leva a guerras, inimizades e contendas. Em Tiago 4.1, o apóstolo, ao escrever aos cristãos primitivos, disse que as diferenças e brigas que havia entre eles provinha de seus prazeres carnais. Que prazeres são esses? Tiago os aponta no capítulo anterior, a saber, "inveja amargurada e sentimento faccioso" (3.14, ARA), ao que ele contrapõe a sabedoria divina, que é "pura, pacífica, indulgente, tratável, plena de misericórdia e de bons frutos, imparcial, sem fingimento" (3.17, ARA). Ou seja, o cristão que age constantemente de forma facciosa, polarizada e procura por inimizades é um cristão carnal.

A igreja é composta pelo povo da reconciliação, é a comunidade dos reconciliados que lutam pela reconciliação. Deus ama a justiça, as balanças justas, o rei justo, a harmonia da criação. É por isso que deu a mensagem de reconciliação e paz à igreja, e a mais nenhuma outra instituição da sociedade. A igreja de Cristo, institucional e individualmente, é agente de reconciliação e de paz em meio a um mundo corrompido e dividido. Nenhuma ONG, nenhum ativista, nenhum político pode restaurar a paz do mundo. Somente Deus pode, e ele usa sua igreja nessa missão. É um contrassenso medonho que a igreja, que deveria ser agente de reconciliação, seja hoje agente de tantas guerras, polarizações e inimizades entre irmãos.

No Brasil, como país, enfrentamos nos últimos anos um profundo sentimento faccioso e de polarização político-ideológica, que também reverberou nas igrejas evangélicas. Com uma sociedade rachada, em que parece não haver pontos de convergência entre os grupos "rivais", muitos da igreja também se deixaram levar pelo espírito de divisão. Esse radicalismo das discórdias sociais tem fragmentado a nação. Porém, é nesses momentos em que os frutos da carne abundam que os agentes da paz e da reconciliação devem resistir ao espírito odioso e faccioso, e buscar, em vez disso, justiça, paz e reconciliação.

Agora, é também importante que assumamos nossa responsabilidade. As guerras e divisões são potencializadas sim pelas mídias sociais, contudo elas têm uma razão de ocorrer: nosso coração mau que fabrica desejos facciosos, que têm sido potencializados à escalada máxima por conta das ferramentas que agora temos. Calvino, comentando sobre as palavras de Tiago, afirma:

> É como se ele notificasse que a alma do homem é insaciável, quando ele cede aos deleites perversos; e realmente é assim, pois aquele que permite que suas propensões pecaminosas se mantenham sem controle, não conhecerá fim para sua concupiscência. Mesmo que o mundo lhe fosse dado, ainda desejaria que outros mundos fossem criados para ele. Assim sucede que os homens busquem

tormentos que excedem a crueldade de todos os executores. Pois verdadeiro é aquele dito de Horácio: "Os tiranos da Sicília não encontraram tormento maior do que a inveja".[1]

De fato, o coração humano é insaciável e sempre quer mais, sempre arranja novas maneiras de se deleitar em seus desejos e vontades pecaminosos. Dessa forma, atualmente, nestes tempos digitais, nós temos novas maneiras de invejar uns aos outros e de promover guerras uns contra os outros.

William MacDonald, também comentando sobre essa passagem, disse:

> Tiago mostrou que o homem sábio é pacífico. Agora, fala das tristes discórdias que surgem com frequência no povo de Deus. Qual é a causa? Por que há tantos lares infelizes e igrejas despedaçadas por divisões? O que provoca tantos desentendimentos entre obreiros cristãos em seu país e tantos conflitos entre missionários em terras estrangeiras? A causa central é a procura incessante por satisfazer a cobiça por prazeres, riquezas e engrandecimento.
>
> Infelizmente existem guerras e contendas [...] entre os cristãos. A ideia de que estes versículos não se aplicam aos cristãos contradiz a realidade e faz que percam todo seu valor para nós. De onde procedem tantos conflitos? Dos desejos intensos existentes dentro de nós que exigem

[1]João Calvino, *Epístolas Gerais*, Série Comentários Bíblicos (São José dos Campos, SP: Fiel, 2015), p. 94.

ser satisfeitos incessantemente. Há o desejo de acumular bens materiais, o impulso de obter prestígio, o anseio por prazeres e pela satisfação dos apetites físicos. Essas forças poderosas operam em conjunto, criando insatisfação permanente e vontade de ter sempre mais. Ao mesmo tempo, sentimo-nos repetidamente frustrados na tentativa de obter o que desejamos. Os desejos não realizados tornam-se tão intensos que passamos por cima das pessoas que parecem nos impedir de conquistar o que queremos. Tiago usa o termo matais de modo figurado. Não matamos literalmente, mas a raiva, a inveja e a crueldade que geramos têm potencial homicida.[2]

Mas como, então, resolvemos o problema? O que podemos fazer? Já falamos da polarização, não precisamos repetir. Mas, nessa passagem, Tiago nos dá uma solução: se pedirmos as coisas do modo como Deus se agrada, ele nos concederá de bom grado. A soberba é algo que vem do diabo; Deus quer filhos humildes. Se nos submetermos a Deus e resistirmos ao diabo — e ao espírito faccioso que ele implanta em nosso coração —, conseguiremos alcançar a unidade. Só o Senhor pode produzir a unidade; portanto, precisamos nos submeter a ele.

MacDonald continua:

> Quantos conflitos e inquietações evitaríamos se nos contentássemos com o que Deus nos deu! Quanta paz haveria

[2]William MacDonald, *Comentário Bíblico Popular: Novo Testamento*, 2ª edição (São Paulo: Mundo Cristão, 2011), p. 894.

se amássemos nosso próximo e nos interessássemos mais em compartilhar do que em adquirir para nós! Quantas brigas cessariam se seguíssemos a instrução do Senhor de renunciar a tudo em vez de acumular riquezas e juntar tesouros no céu, e não na terra.[3]

Nossa solução, portanto, deve ser ficar atentos aos nossos desejos carnais e lutar contra eles; deve ser agir como Jesus; deve ser ceder, em vez de reter. Em lugar de querer só visibilidade, devemos enfocar a missão. Em vez de almejar curtidas, devemos submeter nossos conteúdos ao escrutínio do Senhor, antes mesmo de postar. Em lugar de desejar ser mais uma celebridade, devemos negar a nós mesmos, tomar a nossa cruz e seguir a Jesus.

A cruz, exemplo maior do Servo sofredor, é a solução para os nossos tempos viscerais e polarizados.

[3]Ibid., p. 894-895.

Sobre a autora

Jacira Pontinta Vaz Monteiro é autora e palestrante. Tendo nascido em Guiné-Bissau e morando no Brasil desde os sete anos de idade, identifica-se como afro-brasileira. É mestra em Educação, Arte e História da Cultura pela Universidade Presbiteriana Mackenzie, pós-graduada em Teologia Bíblica e Exegética do Novo Testamento pela Faculdade Internacional Cidade Viva, e graduada em Ciências Contábeis pela Universidade Federal da Paraíba. É também uma das fundadoras do Projeto Agostinhas, formado por mulheres cristãs que buscam promover o debate sobre o racismo à luz da Bíblia.

Compartilhe suas impressões de leitura,
mencionando o título da obra, pelo e-mail
opiniao-do-leitor@mundocristao.com.br
ou por nossas redes sociais

Esta obra foi composta com tipografia Adobe Caslon Pro
e impressa em papel Pólen Natural 70 g/m^2 na gráfica Assahi

Este livro é um convite para que os cristãos filtrem a cultura desta era à luz do evangelho e cultivem uma vida que não apenas transita pelo ambiente virtual, mas o transforma com a verdade e a graça de Cristo.

Daniel Guanaes
Teólogo, psicólogo e autor

Hiperconectados nos lembra que fomos criados para a comunhão, e que a autossuficiência é uma ilusão perigosa. Em suma, um convite à essência do amor cristão: servir e caminhar juntos, como corpo de Cristo.

Prisca Mendonça
Teóloga, professora e autora

Este livro é um alerta profético contra uma potestade que fabrica ídolos diários para nós, mas também oferece acolhimento pastoral diante de tantas fraturas causadas em toda uma geração.

Ricardo Alexandre
Jornalista e escritor

Vivemos numa sociedade em que a barreira entre a vida real e a *cyber*vida se dilui a cada dia. Por isso precisamos repensar não apenas nossa ética, mas também nossa espiritualidade diante desse cenário. É isso que Jacira Monteiro faz com maestria nesta obra tão necessária.

Alcino Júnior
Advogado e professor de teologia

A agenda de Jacira não pertence a uma bandeira política, a uma ideologia, nem mesmo a um modo único de defender causas importantes. Sua voz é leal ao timbre do evangelho, e sua forma de discutir a sociedade é sempre respeitosa, madura, profunda e interessante! Ler o que ela tem a dizer calibra nosso olhar, confronta as obviedades que nos distraem e realinha nossos passos em direção ao Mestre.

Thiago Grulha
Cantor, compositor e escritor

Jacira nos convida a não nos deixarmos ser vencidos pelo espírito do nosso tempo, mas a nos posicionarmos com sabedoria bíblica em meio aos desafios da era digital. Precisamos ser agentes de reconciliação pacífica e resgatar relacionamentos profundos imersos nas verdades do evangelho.

Luiza Nazareth
Teóloga, escritora e fundadora da escola de formação espiritual Fluirá

Com um texto prazeroso e instigante sobre temas como excesso de informação, conexões superficiais, o culto às celebridades, cancelamentos e os efeitos maléficos do uso desmedido e sem sabedoria que a internet tem causado, Jacira nos conduz a uma reflexão sobre nossa relação com as redes. Recomendo a leitura atenta deste livro.

Sandro Baggio
Pastor na Igreja Batista Memorial de Alphaville, São Paulo

Jacira Pontinta Vaz Monteiro

HIPERCONECTADOS

Como a era da informação forma e deforma nossa espiritualidade

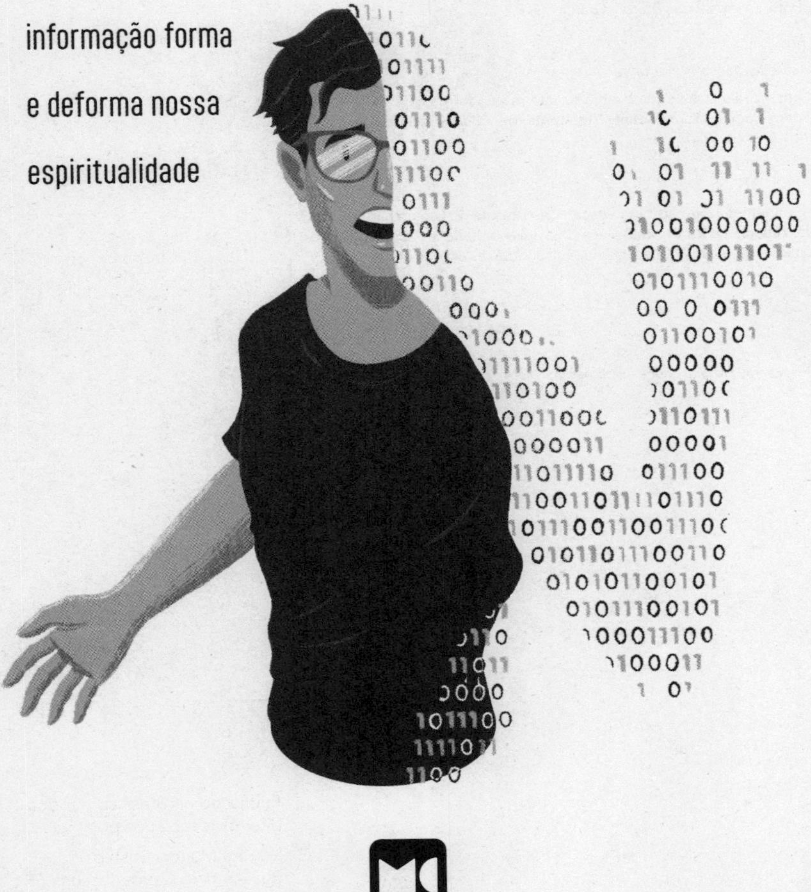

mundocristão

Os textos bíblicos foram extraídos da *Nova Versão Transformadora* (NVT), da Tyndale House Foundation, salvo indicação específica.

Edição
Daniel Faria
Marisa Lopes

Revisão
Ana Luiza Ferreira

Produção
Felipe Marques

Diagramação
Gabrielli Casseta

Colaboração
Guilherme H. Lorenzetti

Capa
Diego B. Côrrea

CIP-Brasil. Catalogação na publicação
Sindicato Nacional dos Editores de Livros, RJ

M777h

Monteiro, Jacira Pontinta Vaz

Hiperconectados : como a era da informação forma e deforma nossa espiritualidade / Jacira Pontinta Vaz Monteiro. - 1. ed. - São Paulo : Mundo Cristão, 2025.
160 p.

ISBN 978-65-5988-458-2

1. Internet - Aspectos religiosos - Cristianismo. 2. Espiritualidade - Efeito das inovações tecnológicas - Cristianismo. 3. Redes sociais online - Aspectos religiosos - Cristianismo. 4. Conduta. 5. Vida cristão. I. Título.

25-98302.0

CDD: 261.52
CDU: 27-43:004.738.5

Gabriela Faray Ferreira Lopes - Bibliotecária - CRB-7/6643

Categoria: Espiritualidade
1ª edição: julho de 2025

Publicado no Brasil com todos os direitos reservados por:

Editora Mundo Cristão
Rua Antônio Carlos Tacconi, 69
São Paulo, SP, Brasil
CEP 04810-020
Telefone: (11) 2127-4147
www.mundocristao.com.br